Jovica Aćin

O ZMAJEVIMA, AVETIMA I TRAMPAZLINIMA

Biblioteka
RAD

Urednik
SIMON SIMONOVIĆ

Na koricama
Stenli Dž. Forman, fotografija padanja s petog sprata, 1975

Jovica Aćin

O ZMAJEVIMA, AVETIMA I TRAMPAZLINIMA

Priče izabrane odoka

RAD

Izvornici

Leptirov sanovnik (1996)
Nezemaljske pojave (1999)
Ko hoće da voli, mora da umre (2002)
Mali erotski rečnik srpskog jezika (2003)

© Jovica Aćin

Zapravo nisam birao priče. Uzeo sam odoka, bez milosti, one iz starijih, nedostupnih knjiga. A ni sa takvima se nisam razmahnuo, nego kad mi je rečeno da se zaustavim, da sam već prešao svaku meru i granicu, stao sam, ali tu je, tik posle sedam priča, bila rupa u koju sam onda upao. Nema milosti ni za mene. Pa više nisam mogao ništa da menjam, da vadim ili dodajem i spasavam se, i ove priče su ostale napolju, a ja unutra. Ili je obrnuto. Ne znam.

J. A.

SADRŽAJ

Zmaj 9
Tutanj 16
Trampazlin 28
Omađijani Bruno Šulc 31
Aveti 60
Arteindue 108
Sisanje lule 168

O ZMAJEVIMA, AVETIMA I TRAMPAZLINIMA

ZMAJ

Većina onih koji me poznaju, znaju i gde živim.

Prvo što sam, naumivši da rešim svoj problem, morao da učinim, bilo je da naučim skakanje padobranom. Otišlo mi je više od mesec dana u razna obećanja, podmazivanja, moljakanja, te obezbeđivanju mnoštva papira, neophodnih potvrda i svedočanstava, o sebi, svome zdravlju i krvnom pritisku, da li sam kažnjavan, koja su mi politička ubeđenja, u koje sam sve organizacije učlanjen, o rođacima u inostranstvu, o svojoj porodici i precima, i njihovom zdravlju, i opet o svemu ostalome, kao da će oni, mrtvi ili živi, da skaču a ne ja. Konačno sam bio upisan na padobranski kurs u ovdašnjem vojnom klubu. Nije trebalo da se toliko trudim. To mi je bilo jasno već posle trećeg časa. Učili smo najpre o kvalitetu svile od koje je padobran načinjen, potom o raznim oblicima padobrana, o padobranskoj koncentraciji, dnevnim i noćnim skokovima. Dalje, o tome kako se padobran pakuje, uvežbavali doskok na tvrdom i mekom tlu, i šta da činimo ako skočimo u vodu ili gustu šumu. Pokazali su mi ručicu koju treba da povučem kad iskočim iz aviona i budem dovoljno daleko od njega. Ali, da ne budem ni suviše blizu tlu: bolje ranije nego kasnije. Pitao sam šta da učinim ako se padobran ne otvori. Nema nikakvih problema, odgovoreno mi je, padobran će se svakako otvoriti. Ali, ipak, insistirao sam. Onda neka povučem ovu drugu, manju, crvenu ručicu. To je za rezervni padobran. Ta me je predostrožnost veoma obradovala. Shvatio sam da imam posla sa ozbiljnim ljudima, pravim znalcima. Poželeo sam da se u to uverim putem još jednog pitanja. Bolje da nisam, jer bih danas sigurno bio vrsni padobranac ili... Pitao sam, dobro, a šta ako se ni taj rezervni padobran ne otvori, šta tada. Ne, to ne dolazi u obzir, praktično je nemoguće da se to dogodi. Otvoriće se, samo mirno skači, govorili su mi uverljivo. No, znam ja koliko se uverljive reči najčešće varljive. One bi samo da te navuku, a potom se izgube, i nigde ih nema u presudnom trenutku kada su vam najpotrebnije. Lud je svako ko se pouzdaje u takve reči. Na kraju, takav nigde ne završi. Ipak, tvrdoglavo sam ustrajavao, apsolutno razumem da je nemoguće da se rezervni padobran ne otvori, ali recimo, čisto teorijski, rezervni padobran se ne otvori, a ja padam, zemlja je sve bliže i bliže, kamenjar, električni dalekovod, bilo šta tvrđe od vazduha, biva sve bliže – šta da onda uradim, šta da povučem? Morate imati, verujem, još neku ručicu, crnu ili u nekoj boji, svejedno. Mogu li da se vratim, da opozovem svoj skok? Moj iskusni instruktor iz padobranstva je slegao ramenima, od čega mu se na prsima zaklatilo visoko padobransko odlikovanje, i raširio ruke: „Moj bi ti savet bio da ovako raširiš ruke, da zagrliš zrak, zagrli i ceo svet ako si kadar, i padaj spokojno, otvorenih očiju, vedro pomisli na sve što si doživeo i na sve što ćeš propustiti u svom životu, i padaj slobodno, padaj po prvi put istinski, padaj poslednji put."

Pogledao sam svoje kratke ruke i presabrao u sebi svoje nemire i malobrojne uspomene. Savet je verovatno bio na mestu, ali nije pružao nikakvu nadu. Nedvosmisleno mi se otkrilo da padobranstvo nije nikakva stroga nauka, da nema prave odgovore i stvari suviše prepušta slučaju. Jednostavno, ne postoji treća ručica. Odustao sam od padobrana i okrenuo se traganju za utemeljenijim tehnikama i znanjima, za dalekosežnijim rešenjima i veštinama. Da, instruktor je još nešto rekao, kroz zlokobni smešak: „Možeš, jasno, umesto ruku da raširiš krila i, lebdeći, da promašiš zemlju." Jaka šala, ali tada nisam znao da je sadržavala i izvesno zrnce nezemaljske intuicije. Hvala mu na tome, mada to nije znao ni moj instruktor.

No, u čemu je zapravo moj problem? Zašto sam uopšte poverovao da bi padobran bio neko rešenje? Problem je, ukratko, da je moje stalno boravište u visini. Moje leglo je visoko, ali biće poput mene ne može svih dvadeset i četiri sata da provede samo u svome gnezdu, ma koliko ono bilo ugodno. Valja se opskrbljivati, ponekad i prošetati.

Živim, naime, na krovu jedne zgrade. Vi biste možda rekli da grešim, da je u pitanju potkrovlje, ali ne – živim zaista na krovu. Krov je ravan. Koliko puta mi je padalo na pamet da naspem po njemu zemlju, nađubrim je i zasadim svakojako drveće, i ne bih samo ukrasno. Uzeo bih, na primer, palmice, zatim minijaturne jabuke, razume se i filodendrone, fikuse koje bih mogao da smestim u velike drvene saksije. Napravio bih malu šumu, i onda bih živeo u njoj kao pustinjak ili šumski čovek. No, nikada nisam započeo taj projekat. Čuvam ga u sebi kao ideju za kasnije. Od snega i kiše se štitim razastrtim šatorskim platnom. Sproveo sam i struju, izveo električne priključke, udesio mokri čvor. Prostor sam iznajmio od kućnog saveta. Dobro, visoko je i tišina, čak i kada je ulični saobraćaj u špicu.

Onima koji znaju gde živim, poznato je, dakle, da je zgrada visoka. Nije to neki njujorški oblakoder, poput Staklene planine na uglu 13. Ulice i Osme avenije. Ali, ipak, jedna je od najviših u Beogradu. Bezmalo stometarska. Pri tome nalazi se još na bregu, zvanom Zlatni breg, na Vračaru. Gledam vas noću i danju, svisoka. Zgrada je, razume se, betonska, ali je obložena crvenom fasadnom ciglom.

Srž problema je u tome što liftove odavno ne koristim. Ionako su najčešće oba u kvaru. No, ne penjem se ni stepeništem. I ne silazim. Probao sam ga čekićem i utvrdio da je ono podjednako nesigurno kao padobranstvo od kojeg sam digao ruke. Pomislili biste da li onda uopšte izlazim iz svog krovnog staništa, ili vas samo varam o svojim svakodnevnim potrebama, idem li u grad, nabavljam li namirnice i, sve u svemu, kako sam, najposle, rešio problem opstanka na krovu. Činim i živim kao i ostali u gradu. Međutim, postoji samo jedna razlika koju ponovo i trijumfalno ističem: ne idem liftom, ne idem stepenicima.

Pošto i mene strpljenje već izdaje, prelazim na stvar. Ona stoji ovako. Sastoji se, razumljivo, iz penjanja i silaženja. Snabdeo sam se alpinističkom opremom i podučio u svim finesama planinarske veštine. Penjem se u svoj stan kao što se i svaki alpinista penje na neki teško osvojivi vrh. Zasad nije bilo nekih odlučnijih intervencija. Dolazila je policija, ali samo radi blagog upozorenja. Navodno, remećenje mira. I ona je od ljudi koji vole sve što je po njih bezopasno, a iz čega, ipak, može proisteći izvesna dobrobit. Ili su se samo pretvarali, jer nikad ne znaš šta možeš da očekuješ od njih. U svakom slučaju, ljudi se često skupljaju na ulici da me posmatraju. Pokatkad se okrenem i mahnem im. Oni uzvikuju, a ja pobedonosno nastavljam put ka vrhu.

Penjanje mi oduzima relativno dosta vremena. Ali, tako barem održavam fizičku kondiciju i jedem kao vuk. I živim sam kao vuk, kao što sam vam već rekao. Nemam ženu ni decu koja bi trošila moju energiju, pa mi otuda moj gradski alpinizam dobro dolazi.

A druga strana stvari u pitanju, silaženje? I nju sam rešio. Ispalo je lakše nego što sam mogao da zamislim. Silazak je, inače, uvek lakši. Moj svakako ne traži od mene previše napora. Kad silazim, naime, slećem.

Neki put i letim. Ako je pravi vetar, mogu ponad gradskih ulica da preletim i po dva-tri kilometra. A gore, nema kad nema vetra. Mogao bih, u stvari, da letim dokle god hoću, ali tri kilometra u poluprečniku opisuje pojas u kome je sve što želim da vidim ili nabavim, ili što želim da bih se proveo. Tu je i nekoliko odličnih mesta za aterirarije. Tu je Bulevar, jedan, drugi i treći, tu je Novo groblje, zatim travna čistina između Hrama Svetog Save i Narodne biblioteke, i tako dalje. Mogu da sletim i na neki krov. Kad odlazim u tajne posete, tako i činim – spuštam se na krov, na određenoj adresi. Ako vas prethodno obavestim o času svog dolaska i ako mi otvorite širom svoje dvokrilne prozore, ulećem direktno. Ne zaboravite roletne, ako ih imate. Volim da ateriram na bračne krevete, prostrani su i meki. U svakom slučaju, upravljam tako da stignem kud sam naumio. I stižem brzo, kao da imam lični helikopter.

Ubrzo pošto sam od padobrana odustao s razlogom, nameravao sam da silazim skijajući se niz zidove. Ali, oni su suviše hrapavi i, bojim se, pod suviše velikim i opasnim nagibom, navodno devedeset stepeni. To nije šala. Ko ne veruje, neka proba. Na ideju da kupim vitka krila i letim došao sam u vreme zemljotresa u Crnoj Gori. Nesreća me je fizički uzdrmala. Da, bilo je to te godine. U zoru sam se trgao i otišao do krovne ograde. Ljuljao sam se kao na pritki. Podilazili su me mravci. Amplitude barem tri metra. Sinulo mi je da sam rođeni letač. Ideja je bila tu, bio sam njome opsednut. Namah sam pao u zanos pred sjajnom lakoćom svojih budućih dana. Jednostavno sam kupio krila i odmah ih isprobao sa svoga krova, bez ikakve pripreme i poduke. Nema tu nikakvih ručica, i hoće li se ili neće otvoriti. Umesto da grlim vazduh, sada mene grle vazduh i vazdušne struje. Ušao sam u podrum za koji su mi rekli da svakako imaju potrebna krila. Dajte mi neki odličan paraglajder. Tako se zovu ta krila. Predstavio sam se kao početnik u sportskom paraglajdingu. Izabrao sam najbolja, dvostruka, zvana vilin konjic. Obojio sam ih prema uzoru iz jednog atlasa sa slikama kineskih zmajeva. Još kad bih se obukao u svoj specijalni letački kombinezon, na ruku natakao veliki, višefunkcionalni sat i našminkao lice, bio sam strava, haos, pravi veštac od glave do pete.

Dešavalo mi se poneke večeri, u vreme žestokih sukoba na ratištu u Bosni i Hercegovini, kad bih se sjurio na šetalište u Knez-Mihailovoj ulici ili na Trg Republike, da mi neko, dok sam se prizemljivao, vikne „Ua, padobranac!" – ali ja se nisam vređao. Drugi glas bi doviknuo: „Ne, već je mrak, to je slepi miš, šiš-miš!" Treći glas kao da mi je ušao u glavu, objašnjava: „Da, da. To je svakako nova vrsta. Možda *veliki brkati večernjak*. Šta je ovo, mucam, skup speleologa pod zemljom!?"

Nezamisliv je osećaj kad vam neko promuklo i preteći ponavlja: „Šiš-miš, šiš-miš, šiš-miš..." Stresao bih se, baš kao da sam u mišolovci i sav mokar, uau.

Govorio sam sebi da pritajena muka ljude tera na gluposti, jer nije svako u prilici da živi tamo gde ja živim, pod nebom, i da je obdaren poput mene da usred grada bude alpinista bez premca i, glavno, planinski zmaj.

TUTANJ

Nemate pojma, kaže, kakva je sinjska bura. Kosti vam stenju, u stomaku vam je kao na Severnom polu, led i večita noć, polunoć. Nikako da svane. Duva od Velebita. Do prve zore ima još dva sata, a svi smo već postrojeni na apelplacu koji je odozgo kao petokraka, svi živi mrtvaci iz Velike žice. U pomrčini se samo mi belimo. Pretvoreni smo u kipove od soli, a uz so je i inje, zajedno grizu do srca. Poneko se stropošta i pukne kao daska, i zamrznut ne ustaje. Takva je sinjska bura. Nigde takve nema. Samo na Golom otoku.

Dok Dragan priča, naočigled stari. Gubi dah s rečima. Jedva da ga ima i za reči, a nimalo da se makar pomeri, ma i malčice, u postelji u koju sve dublje tone. Kad prekine s pričanjem, šišti, i tada izgleda da će uspeti da se podigne. Dohvata metlu naslonjenu kraj uzglavlja. To je metla s vranom konjskom dlakom, portviš, uspinje se uz nju, ustaje i ide, mili, klizi stopalama po tlu. Poduprt, poštapa se o dršku portviša, ali to i nije poštapanje, jer griva pajalice sve vreme, milimetar po milimetar, briše pod. Karlica mu od ležanja više nije nizašto. Žuri da piša. Kao patrijarh oslonjen o skiptar, kaže, zastavši na nekoliko minuta. U ustima mu grgolji. Mljacka. Na stolici mu je, u staroj čaši od jogurta, ostala krnja zubna proteza. „Skiptar", kaže, a oko usana mu je blistava čar kreveljenja. Onda udara u orman pored vrata, a s njega pada mala vaza od crne zemlje i razbija se. Pišanje, ni ono nije kao nekada, pre robije, u mladim danima. Pišati je za njega postalo svaki put podvig.

Nemate pojma kako je kada u podne upeče sunce. Taj logorski otok je sam kamen. I vodonoša, ako je nekada, pre zatočeništva, i bio dobar u duši, milostiv, postaje biće koje se prozlilo. Ne može ni da bude drukčije; valja zaslužiti mesto vodonoše. Hteli bismo da mu domahnemo, barem kapljicu da nam kane, ali on vodu tobože nehotice izliva na kamen i ona istog trena isparava. Kao da to i nije prava voda, nego čarobni napitak koga nebeski glasnik žrtvuje božanskim islednicima i stražarima čije senke lebde nad nama podjarujući zvezdu da još većma prži.

Vidim, nastavlja Dragan, kako je jedan dobio dozvolu, i lagano zalazi nekoliko koraka u vrele stene. Odvezao je uzicu oko pasa i čučnuo. U ruci mu je komadić papira od iscepanog džaka za cement. Sav je ispošćen, kost i koža, butine suve, jedva ako su kao podlaktica. Pomislio sam s nevericom da vidim kako mu izlazi dugačko, ni napregnuo se nije, onako dugačko kao kod proždrljivaca, moradoh da trepnem, a to je debelo crevo, posuvrativši se, potpuno ispalo iz čmara i čak čujem, kad je dotaknulo užareni kamen, kako cvrči kao na roštilju. On ga natron-papirom u ruci vraća natrag, u utrobu, ali crevo se ne da i neprestano bi da iziđe. I tako nekoliko puta. Konačno, čovek odustaje od nužde, gužva papir na kome je ulepljen cementni prah, i tom lopticom zapušava otvor. Dok smo dizali pesak iz mora, pitao sam ga posle šapatom o tome. Ne sumnja da je za izvesno vreme rešio problem. Zabetonirao je rupu da mu drob, inače, ne curi između nogu. Ne reče „drob" već, setno, „moje pomije".

Kad bih i ja nešto slično mogao s bešikom, objašnjava, otarasio bih se zasvagda muke pišanja. Ionako to više nije mokraća. Nema mlaza. Tek tanko kapljucka u tamnocrvenoj boji. Kao da iz sebe, s dna, izdižem mokri pesak i u taj mah mi trska od kičme puca.

Ko preživi logor, taj zauvek ostaje u logoru, sve dok smrt ne dođe i ne otčepi ga. Tamo se zapravo nikada ništa ne događa, jer užas je jednoličan. Dragan šišti. Ipak, neko zna, nešto se dogodilo jednom. Bojim se, ali želim da vam to sada prvi put iznesem, pre nego što iz mene potpuno ne iskaplju sve sinjske bure, sve paklene vrućine. Kazaću vam to u najvećem poverenju, baš onako kako se desilo. Vi ste mi kao sinovi i kćeri, sve vama ostavljam, i da brinete, posle, o svemu što govorim, o svemu čega se sećam. Ostaviću vam i onaj Atlas sveta. Htede nešto rukom, ali naposletku samo pogleda put police na kojoj je položena bila odrpana knjižurda, i reče: bez njega ništa nećete razumeti. Da vidite gde je pustinja Mohava. Ne mogu sada da budem siguran da li je to ta pustinja, tamo gde su ona postrojenja. U Novom Meksiku? Tamo gde se isto zbilo. Zato je i ubijena Merilin Monro. Saznala je od Kenedija, od njenog predsednika. A i njega su zbog toga ubili, da ne objavi svetu. To je tajna o kojoj se ne govori. Ali, opet, čudim se kako i zašto svi to kriju. Hoću da brinete o tome, pa čak i ako znate, hoću da ponovo znate, da pregledate moje papire, preslušate moje snimljene trake, sve vam ostavljam, i morate sve da pređete više puta da biste shvatili. Ništa nećete shvatiti ako ne prođete više puta, i to najdužim putanjama. Ja sam shvatio da je život brodolom, a spasilačke ekipe niotkuda. Osim taj jedini put kada su nam spasioci bili na domaku. Često mi ovaj svet liči na zagušljivu mrtvačnicu u kojoj se hladno strujanje, bez izlaza, okreće u mestu. Tako, mrtav sam još za života i, istovremeno, jedini preživeli. Zato je ono što govorim istina, i ona ište da govorim.

Mi smo posetioci i ohrabrujuće klimamo glavom Draganu. Nije nam dopušteno da se mešamo. Gledamo u njega pažljivo. Boji se, reče. Zebnja. Ona ga uči da ćuti. Ali, život nije bez kraja, i on, više od istine, iziskuje da govori. Inače bi se ugušio. Jednodušno možemo da zaključimo da je još bistrog uma. Samo što se sve češće, kako žaleći se priznaje, budi već u tri sata posle ponoći i ne zna ni ko je, ni šta je, ni gde je, i potrebno mu je ponekad i po jedan čas da bi se naizmenično žmureći i otvarajući oči u tami povratio, sabrao, i onda je, kaže, sav radostan što utvrđuje da je još normalan.

Da, ovako, najpre sam čuo tutanj. Tutnji, tutnji, ne da tutnji nego ne prestaje. Bilo je još rano. Leto u jeku. Prošle su godine i stega je u logoru popustila, ili se meni samo tako priviđalo, jer sam u proleće bio određen da opslužujem razglasnu stanicu: puštao sam vesti i muziku sa Zagreba, Ljubljane ili Beograda. To je bila moja šesta godina na robiji, a osuđen sam na svega osamnaest. Kraj se, međutim, nazirao, pa zato ipak verujem da je besomučno mlaćenje ublaženo.

Dragan zastade, donekle izgubljen. Onda se malo zakašlja. Možda je trebalo da zvuči kao znak, ali je bilo odviše prirodno. Kroz gola okna, bez ikakvih zavesa, primećujemo da se smrkava. Ako je u Draganovom naporu bilo nekog nauma, on je svoje značenje predavao sumraku, oduzimajući mu zauzvrat ponešto kao prirodne pojave. Usred tišine tog događaja, Dragan je ponovo našao nit.

Staljina već nije bilo, Hruščov je došao na kolegijalno poklonjenje Josipu Brozu Titu, a ovaj je lebdeo na krilima sreće ili plovio po morima i obilazio svoje nesvrstane, cara Haile Selasija i druge. Majka i otac su, u stvari, razume se bez moga znanja, molili Josipa Broza da me pusti, jer sam im samo još ja ostao od muške dece. Moj brat Žikica je... pa znate već kako je dobio metak. U leđa... Kako god bilo, februara te godine, pedeset i pete, određen sam na razglasnu stanicu koja je bila smeštena kod ulaza u Veliku žicu, na koti 120, u staroj karauli, ko zna iz kog vremena, valjda turskog, austrougarskog. No, da, tukli su još, još kako su tukli, ali pretežno one koji su stizali kasnije na Otok, u žicu. Ustanovili su i zasebnu zgradu za te nove. Otkrivani su i hapšeni. Otkrivanje nije prestajalo. Otkrivali su nove, ali i ponovo iste, i Otok je neprestano popunjavan. U toj zgradi su mučeni, šibani žilama, vođena je istraga. Stare već više nisu tako prebijali. Među njima ni mene, a spavao sam u prizemlju karaule.

Iznad mene je bila kula, kao granična kula, baš tako je izgledala, visoka oko tri sprata. U glavnom odeljenju je bilo pet velikih vojnih radio-prijemnika na kojima sam, zavisno od vremena, mogao da biram stanice i program emitujem na razglas. U manjem sam imao umivaonik i krevet sa slamaricom. Imao sam i dva budilnika; jedan precizan da bi me probudio pre pet sati izjutra. Umio bih se i čekao. Ulazna kapija u Žicu je bila nedaleko. Stražar će otključati kapiju i usput zalupati na moja vrata. No, ja sam već budan i spreman za jutarnje vesti koje će preplaviti ceo logor tačno u pet časova. Celo ostrvo je ozvučeno. Stražar ide do zvona tačno ispod karaule. Crkveno zvono. Skinuli su ga s neke crkve i doneli da njim oglašavaju svakodnevni početak mračnog posla.

Baš sam uključio Beograd, čekam vesti, pa da prikopčam i pojačam. Pedesetak metara ispod gledao sam kako se formira stroj. Odmah kod ulaza su bili i magacini za hranu, kuhinje... Počinje uobičajna graja. Trče iz zadnjih baraka na postrojavanje i brojanje. Kad je počelo, stresao sam se. Izišao sam napolje, prosto kao da se zemlja ruši. Vidim one u stroju, i one koji su trčali u stroj, i sve ostale koje mogu da vidim, vidim kako su se i oni od iznenadne tutnjave ukočili, neki su se pručili po oštrom šljunku, neki samo klekli, pokrivši se rukama po glavi, držeći se za potiljak. Kakav je sad to novi izum, kakva nova muka, šta je to komanda smislila da nas dotuče? Da ne verujete. Pomislih da to mora biti neko naročito otkriće, poslednji tip mašine za utamanjivanje kažnjenika u našoj koloniji. Njen huk je nagoveštavao našu konačnu propast. Dežurni stražar je, kao da ništa nije čuo, prošao pored mene i počeo da udara u zvono. Udarao je kao lud. Tada opazih da je i on zaprepašćen, da je i sam lud od straha. Lice mu je izobličeno, i bivao je sve luđi, sve mahnitije je, spustivši glavu, tukao u zvono, ali ono se čak ni na korak nije čulo. Toliki je bio tutanj koji je dolazio odasvud.

Ali, ne, ne odasvud. Sručio se na nas, ali iz jednog izvora, i davi nas, guši sa svih strana. Kao da otkucava. Tutnjava mi ne liči na grmljavinu, nego je nekako regulisana, kao da je motor. Sada znam, to je ličilo na motor na raketni pogon. Užasna grmljavina. Vanzemaljska. Neprestane ogromne eksplozije. Pogledam ponovo dole, put centralnog sabirališta, i čujem, tamo uzbuna, kuknjava. A ono tutnji, kao da se sve ruši, lomi se sve, a atmosfera potpuno mirna, ni daška vetra. Tamo gde se moglo videti više mora, između ostrva Prvić i Svetog Grgura, kroz taj kanal dolazi ta recimo zasad pravilna grmljavina. Nebo vedro, mirno sve, a grmljavina odnekle, nebo se prolama. Samo što sam pogledao, kada vidim da odjedanput iz mora, kao da izlazi, kao da se izdiže polako, sa sve jačom i jačom tutnjavom... Oni dole beže natrag u kamene barake, robijaši. Stražari kao da ne znaju za sebe, tuku i u ostala zvona po logoru na uzbunu. Iz mora se izvlači, pored Prvića i Svetog Grgura, i Raba dole, i Krka, kao da izvire toliki oblak, tek crn, tek vatren, pa seva, iz njega izbija crni garež. Izgledalo je strašno. Široki oblak, pokrio je bezmalo ceo vidokrug. Stajao sam kao zapanjen, sam na onom platou pred kulom, svi ljudi su dole, ka moru, gde pada obala, svi oni legli dole na zemlju, pokrili glave. Tutnjava. Pogledam, oblak se valja kao veliki jastuk, kao da će da prilegne na zemlju. Ja ne mogu da se maknem, potpuno sam, ispred kule, od uzbuđenja, straha, šta li. Oduzeo sam se. Dok sam se malo osvestio, oblak je već došao gotovo do mene, na dvesta-trista metara, na visini oko hiljadu metara, iznad vrhova drveća kojeg ima na Prviću. Tu i tamo iz oblaka sukne plamen ili dim. Kada je došao, onako ukoso, do mene, na nekoliko stotina metara, prostirao se do kraja Svetog Grgura. I ja se jako uplašim i legnem na zemlju, valjda sam pokrio glavu rukama. Legnem na plato, popločan. A oblak, veći nego sva ta okolna ostrva, ide polako, a tutnji, tutnji, tutnji. Kad me je prošao, ja se podignem i vidim da ima još do Velebitskog kanala dva kilometra, i vidim da ide na Velebit koji je tu kao stena odsečen, i diže se tu do hiljadučetiristo metara. Oblak ide tačno tu. Ja se, već smiren, malo pridignem i gledam. Tutnji ono, nije da tutnji nego ne prestaje. Kao da se prilepio uz vertikalu tog zida, s ove strane Velebita. Unutra kao da se valja nešto. Izgleda kao jastuk, zatvoreno. Stalno tutnji kao da je to neki brod, samo pravilno, po redosledu. Ništa nisam mogao da shvatim. Da me je neko ubrzo posle toga pitao pa kakvog je oblika to bilo, rekao bih da je imalo oblik nekog jastuka. I onda kada je došlo na vrh Velebita, kao da ide ogromna telesina, živo biće koje se oslonilo uza sam zid kameni, i polako se diže. Polako se izvuče kao neka ogromna, široka zmijurina, ne znam ni sam kako i sa čim da to uporedim. I ode u pravcu..., treba videti na mapi.

Bilo je to brujanje koje je sve zaglušivalo. Svetlost ljubičasta, plava, žućkastozelena. Svi koji su bili napolje, na kraju su popadali ničice. Objekat je, dakle, leteo relativno nisko, nadleteo Otok, prema Velebitu. Došavši gotovo do okomitog zida Velebita, odjednom se naglo, ne i brzo uzdigao i preleteo Velebit.

Svi govore, viču. Svako je nešto drugo video; no, sve se sticalo na isto, s beznačajnim razlikama.

Tutnjalo je na sve strane. Kako su te njegove rakete unutra podešene, ne može se znati.

Preteća, ritmički ujednačena grmljavina, grom za gromom, a nigde na nebu nikakvog oblačka, čisto jutarnje sunce, na časak zagašeno. Sve moguće boje su se prelivale. Kao da nas je prošao smak sveta. Prošao nas, opomenuo, možda nam oprostio na kraće vreme.

Uto kroz suton grakćući prhnu jato vrana. Odmah preko ulice su stovarišta i smetlišta. Netremice posmatramo Dragana. Izgleda kao da ga proučavamo, ali ne, nikako – mi mu verujemo bez ostatka. Stvar i nije u verovanju. On to oseća, pokušava da udahne, a jedno od nas, od njegovih sinova i kćeri koji dođosmo po njega, hvata ga za ruku. I on može da produži.

Znate li, predomišljali su se da li da o tome jave, a onda je Radio-Split prvi i jedini javio da je preko Velebita, iz pravca Istre, preko Istre, i od Italije, iz pravca Amerike, prešao ogroman leteći tanjir i da je odleteo u nepoznatom smeru preko Velebita. Bolje da su rekli nepoznati leteći objekt! On nam samo izgleda kao tanjir, jer tako nešto nikada ranije nismo videli. Otkuda tanjir kada pokriva pola ostrva! Čitavo ostrvo!

To je bilo toliko veliko. To je nepobitno. Tanjir? Ma hajdete, da prevare nas koji smo videli... A zašto ne šolja, leteća šolja! Posle toga više ništa nije objavljeno, niti u štampi. Ja nisam smeo nikoga da pitam. Slušao sam vesti iz celoga sveta, i ništa, cele noći i ceo dan.

Ova crkva i država nisu smele ništa o tome da objave. A videlo se da je to velika tehnika, velika kultura. Ko bi drugi to umeo da napravi?

Tada sam ja doživeo čitavu katastrofu u svojim shvatanjima. To nema nikakve veze s religijama. Dokaz je da su sve koji su o tome nešto znali – pobili. Ubili su Kenedija, ubili su i njegovu Merilin Monro, zlatnu ženicu. Ona je naterana da popije pilule za spavanje. Ona je tražila da se to objavi, kao bezazleno biće.

A to je viđeno i na raznim mestima. Svedoci se ućutkavaju. Uklanjaju ih, proglašavaju za bezumne. Činjenica je napretek.

Oni dolaze iz vasione, verovatno, kako je utvrđeno, iz nama najbliže magline, iz Konjske glave. Posle Golog otoka bio sam nakratko zapisničar u društvu „Nikola Tesla". Govoreno je o takvim pojavama, ali ispotiha. Locirano je mesto u kosmosu odakle dolaze. Od Konjske glave, da.

Traži nešto očima. Sa stolice, pokraj čaše za jogurt sa zubima, uzimamo tečni glicerin u spreju. Prskamo mu grudi i blago mu masiramo prsa. Neko od nas poluglasno kaže da se ovde Konjska glava smatra maglinom.

Da, šapuće i Dragan. Tako je i kazano na toj tajnoj sednici Društva. Dobro se razumem u njihovu nauku.

Da, Glava se nalazi u sazvežđu Oriona, u ravni naše galaksije, Mlečnog puta. Spada u tamne magline koje su, po dosadašnjem uvidu, oblaci prašine. Prašina i hladan gas su dovoljno gusti da apsorbuju svetlost objekata iza njih. Orionov pojas zvezda je čuven. Levo od Konjske glave je zvezda Dzeta Oriona, a iznad nje zvezda Sigma Oriona. Dzeta Oriona je „najistočnija" u Orionovom pojasu. Sjajna maglina prekriva gotovo celo sazvežđe. Ona je različitog intenziteta. To je ogromna difuzna emisiono-refleksiona galaktička maglina. Konjska glava je udaljena preko 1100 svetlosnih godina. Otkrio ju je krajem 18. veka Vilijem Heršel, teleskopom kojeg je sam konstruisao. Masa joj se procenjuje na 0,6 mase Sunca. U indeksnom katalogu vodi se pod brojčanom oznakom 1434... Vidite, izučio sam. No, ja znam šta sam video odande, iz svoga opservatorijuma. To znaju i ostali s Golog otoka, ako ima od tih svedoka još nekoga u životu. To je bio kao spas. Golootočki logor je prestao da bude ono što je bio, barem za mene, i za one koji su gledali u nebo. I niko, apsolutno tvrdim, niko ne može znati gde je, u stvari, ta Konjska glava odakle oni dolaze i kako oni prelaze to rastojanje silnih svetlosnih godina. Svi bismo da raspravljamo jedino o onome što znamo, ni ne pomišljajući da bi naša postojbina mogla biti neka Konjska glava.

Svi su videli, ali i danas se o tome ćuti!

Ko zna koliko puta su oni pokušavali da uspostave vezu s nama! Ljudi su ih čekali i na Golom otoku. Sobni starešina, malo je reći ništarija, koji nas je mlatio na smrt, davio nas vlažnom krpom pošto bi nam glavu razbio o stepenik, od jednog povratnika, dvomotorca, oduzeo je kaleidoskop napravljen od kartona, sitnog belutka i prokrijumčarenog ogledalca, uveren da je u pitanju durbin. Pazite, durbin, teleskop! Ludnica. Ukratko, čekani su, još kako su čekani, i sigurno je da će ponovo doći. Moramo biti stopostotno pripremljeni. Ljudi su, međutim, životinje. Vrhunska sebičnost. Da plačete. To ću ja sve da opišem dok mogu. Dok mi traje ovo nikakvo srce, ova pamet, i pamćenje. Sve sam već izdiktirao u magnetofon, i dao Jovici za koga mislim da jeste onakav kako izgleda. Samo ako on bude hrabar da prizna ono što je saznao od mene. Sve što sam ispričao bilo je pokušaj da odgovorim na njegova pitanja šta se događa dole na zemlji.

Eto, stvar je u tome da oni doleću, razumete li?

Razumeli smo ga, veoma dobro smo ga razumeli.

I ponovo se i stalno čudim da svi to kriju.

No, opet, što bih se čudio!

Sad sam valjda sve ispričao i mogu da umrem. Ipak, samo mi se čini da sam sve ispričao. A da umrem, moram.

TRAMPAZLIN

Uporno sam, već nekoliko časova, pokušavao da nešto više saznam o Trampazlinu, ali mi to nikako nije polazilo za rukom. Seo sam da razmislim koji je razlog tome, zašto su moji izvori o njemu presušili. Preturao sam po glavi sledećih nekoliko časova, ali sad ne samo što ništa nisam saznao o Trampazlinu, nego nisam dokučio ni zašto ne uspevam da saznam. Naravno, nešto mora postojati o njemu i mora biti neki razlog zašto mi je to ovog trena nedostupno. Ja to, međutim, nisam bio kadar da dokučim.

Uzmem, recimo, novine da pogledam da nema tamo nešto od onoga što želim. Ne, tamo ni reč o Trampazlinu i mojoj nemoći. Možda su knjige ozbiljnija stvar, možda je u njima neki trag? I učini mi se da sam u jednoj pronašao. Onda se razočaram, jer je trag bio lažan. Samo mi se učinilo da sam napipao nešto tvrđe. Tek što sam se približio, izvetrilo je, i opet sam ostao praznih šaka. Uhvatila me je panika, počeo sam da sopćem, bio sam pred nervnim slomom, trčao sam ukrug, jurio bezglavo, svugde sam zavirivao, preturio celu kuću od tavana do podruma, izišao sam u dvorište, potom na ulicu, zapitkivao prolaznike, otrčao do gradskog arhiva, i ništa. Verovatno je moj sistem pogrešan.

Nemoguće je da nigde ničega. Valjalo bi da se poslužim nekim selektivnijim metodom, ali u mojoj užurbanosti ne mogu nijednog da se dosetim. Ako bih neki metod i sastavio, bojim se da bi mi njegova primena odnela suviše dragocenog vremena. Zato odustajem od bilo kakvog metoda i, nastavljajući sa sumanutim traženjem, sve se nadam da će mi intuicija pomoći, mada mi iskustvo govori da od intuicije u ovakvim slučajevima nema koristi, jer uvek otkazuje u najpresudnijim prilikama, baš kad nam je najneophodnija.

Mislim da bih mogao biti i uklet. Sve dok je na na meni neka nepoznata kletva, biću onemogućen da ikada i išta saznam o Trampazlinu. To bi mogao biti pravi razlog, ali se odmah pitam zašto sam baš ja uklet. Svako drugi bi, uveren sam, lako, levom rukom, završio posao s Trampazlinom, a meni sve ispada i razbija se u paramparčad. Ne, odveć je jalovo rešenje da sam uklet. Verovatnije je da danas nije moj dan, da je zadatak pretežak za moje ograničene sposobnosti, pri tome još oštećene noćašnjom nesanicom. Bolje da sačekam do sutra.

Sutradan opet isto, Trampazlina nigde na vidiku, a poreklo moje nemoći još nejasnije. Idućih dana priča se ponavlja. Probudim se i kažem: Trampazlin! U podne: Trampazlin? Smrkne se, a i dalje samo: Trampazlin. Čoveče, kažete, to nije dovoljno, nema od toga ništa, moraš da preduzmeš odlučnije mere, hajde, nastavi još malo, dobro ti je krenulo, ali to nipošto nije dovoljno. Lako je drugima da me hrabre i podstrekavaju, njih problem ne muči. Oni ni ne haju za to da nešto saznaju o Trampazlinu. Šta oni mare da li je u pitanju živo biće ili mrtav predmet, da li je to pojam, događaj ili treće. Bilo bi im čak i dosadno da o tome vode računa. Ne osećaju moju uzbuđenost izazvanu slutnjom da sam pred izvanrednim otkrićem, ali koje mi, moram snishodljivo da priznam i pokrijem se kapom, neprestano izmiče. Samo ime Trampazlin me već baca u groznicu. Zbog toga sam duboko uveren da bih mogao da vam ispričam najneverovatnije i najdramatičnije stvari kad bih se dokopao prave niti koja vodi do Trampazlina. Zasad nemam ništa u rukama, i uz najveće žaljenje moram da se odreknem preimućstva koje bi mi Trampazlin dodelio. Štaviše, moram da se nekako otarasim i same ideje da ću ikada imati išta više od ovoga što imam, a da je ono što imam naprosto ništa. Moram, ukratko, stvar da zaboravim ili da je razvrstam među slučajeve koje doveka neću razumeti. Teška srca donosim odluku o prekidu, saopštavajući vam u poverenju da mogu da pričam svašta, ali je Trampazlin očito neka nezemaljska pojava. Kao takva, baca nas u brigu i pričinjava nam najveće teškoće. U tome je stvar.

OMAĐIJANI BRUNO ŠULC

Pritajivši se, posmatra nečiju priliku kako je, s veknom hleba u ruci, na trenutak predahnula nad tek iskopanom zemljom.

Dok svuda drugde vlada mrak, noć na groblju je, pod mesečinom, kad se zagledamo, jesenji dan ispunjen senkama, širokim i lelujavim. Sve dnevne seni sa ulica, kućnih ulaza, iz bašta i dvorišta, dolaze da tu prespavaju. Nije to miran počinak, nego je obuzet nemirima pokupljenim iz ljudskih poslova i kretanja. Ali, samo takav odmor prija senkama u njihovoj grobnoj spavaonici. Tu se one krepe do jutra, oslobađaju se svetlosti koja onda magličasto obasjava teritoriju mrtvih. Iz jedne od udaljenih senki, Bruno gleda u priliku, mogla bi biti da je ona Vlad ili Emil ili, ipak, Pavel, gleda je kako hleb premešta iz ruke u ruku. Čini mu se da je iskopana jama nekako plitka i mala, kao da je za dete.

Priljubivši stomak uz tlo, prikrada se bliže. Crne oči su mu užutele i svetle. Ni mačjim očima nije lako sa igrom senki, iako su im senke prirodna sredina. Bruno je zastao iza stabla ariša, i dalje četvoronoške. Pokušava da se uspravi, hvata se za drvo, ali na kraju odustaje, samo blago počešavši stegno o koru. Lice mu je bledo, brada mala i šiljasta, na nausnicama tek nekoliko dlaka. Oko vrata mu je ogrlica. Gole i sitne prsi su mu bez malja. Zaklon je nedovoljan da bi sakrio stražnji deo njegovog tela, moćne slabine, par šapa i debeli, dugi rep, sve s poprečnim prugama. Kao da je preobražaj prekinut na pola. Kao u slučaju sirena, tritona, kentaura. Kad bi se probudio, nakratko pomisli iz sredine svog uspavanog mozga, da li bi ostao takav, pola čovek, pola tigar. Da li samo noću u njemu vrvi želja da je zver, da se umiljava, da kida? Jednog jutra se Bruno Šulc probudio pretvoren u čudnog stvora, ne u bubu, nekog opnokrilca, ili ispunjenog kondora na polici u salonu, već baš u tigra koga raspinje požuda. (Ili je to, ipak, samo velika tigrasta mačka?) Ništa novo u životu. No, u Brunovom slučaju, sam bi rekao, desilo se da se on probudio suviše rano, i preobražaj je morao biti prekinut. Tako može biti i sa stvaranjem. Računamo da će ono potrajati niz godina, da je pred njim večnost, ali posle šestog dana Bog, preneražen, prestaje i uklanja se s vidika nedovršenog sveta.

Prilika se još trenutak premišlja, onda ipak, pošto je brzo prinela hleb ustima, čučnuvši, spušta veknu nalik sivom kamenu u raku. Bruno je dovoljno blizu da uoči da raka nije prazna. Oseti glad, i požali što i sam nije pojeo makar zalogaj hleba. Da se blagovremeno usudio, mogao je to da učini. Nečije zgrčeno telo s hlebom je žustro zatrpano. Humka je donekle poravnana lopatom. Gotovo se i ne podigavši iz čučnja, ili je Brunu to samo izgledalo, zgurena prilika izmiče senkama i napušta groblje.

Bruno Šulc, profesor crtanja u drohobičkoj gimnaziji „Vladislav Jagel", probudio se veoma rano. Tako rano, ni svanulo nije, da se više ne seća ni da li je noćas spavao. Probudio se kao Bruno Šulc, mada još nije siguran u to. Boji se da će ga neizvesnost koju oseća pratiti celog dana. Prati ga ona već celu godinu, ili čak dve, tri. Gubi i pojam o godišnjim dobima. Na prozoru, iza stakla valjda je navejao sneg. Šta god da je, sasvim je pokrilo površinu okna. Ko bi još u zoru prao prozore mlekom, pita se, i to mlekom zaleđenim, iskristalisanim od dosute vode. „Belo blato", kaže u bradu da ne bi uznemiravao ostale u drugim sobama, iako čuje prigušeno šljapkanje u hodniku i odnekuda, s druge strane, dečji plač. „Galicija, kakav crni sneg!" – reče, dohvatajući knjigu s poda u kojoj je zadenut list žućkastog papira. U polumraku se osvrte za olovkom. Uze je iz čaše na stočiću. Sipnu u čašu malo vode iz limenog bokala, nagnu je i vide kako se u vodi kao u ogledalu nagnu cela soba. Otpi, povuče pokrivač ispod pazuha, osloni o uzglavlje kreveta, a knjigu položi na kolena. Pod njim slamarica jako zašušta. Pogleda u slova na korici, *Ferdy/*; ostatak je prekrio papir. Izravna ga.

Poče da crta tigra, od repa, i kada je stigao do slabina prestade, pa obliznuvši tanke usne krete da piše.

Novembar 19, 1942

Može biti da je taj datum, a ne mora biti. Svejedno, ali me muči da li sam kod kuće. Koja je moja kuća? Ulica Florijanska 10, Drohobič, Galicija, Poljska, ili Honduras, Nikaragva, Abrakadabra, ili kao u snu kad glas kaže nad žrtvom, nemaš ti druge teritorije, nije tvoja zemlja ovde nego je u podzemlju, vrati se tamo? Otkako sam preseljen ovde, u Stolarsku, izgleda da je geto moj jedini dom, poslednji dom, i koji sutra nikada neće izgledati kao danas. Biće srušen i spaljen. Hteo bih dragoj Gospođi da kažem kako mi je milo što sam je sreo, i kako mi je žao što se najbolje stvari u životu ne dešavaju ranije dok nam još kalendar nije iščileo iz mozga i još znamo gde stanujemo, koja nam je otadžbina.

Vaš Bruno Šulc

Još ne zna kome će poslati ovo pisamce, sročeno nekako bezvoljno, i da li će ga ikome poslati. Pošta je strogo kontrolisana. Niti svako može da šalje, niti svako može da prima pisma. Čini mu se da su svi, svakako sve žene kojima je pisao već mrtve ili će biti mrtve, možda i ne stigavši da pročitaju njegovo pismo, ili će ih pogubiti sutradan pošto ga dobiju i pročitaju. Namesti jastuk pod leđima. Gombrovičev roman *Ferdydurke* koji mu je služio kao podmetač skliznu na pod. Odustao je da se posluži *Čarobnim bregom* ili *Josifom* Tomasa Mana, preteški su. Bio je gladan i jedva dohvati knjigu, odloživši je opet na krilo. Da li sam kod kuće? Onda mu ispošteno i iskrivljeno lice gotovo sinu. Čak razvuče stisnuta usta. Kao da mu je u posetu došao neki mili duh i uz uzglavlje mu spustio jabuku. Poče da piše ispod potpisa.

— *Czy Adela jest w domu?* — tako me je na kapiji zapitala gospođa koju sam tada prvi put video. Adela, kod kuće!? I ne sačekavši moj odgovor, ušla je sa osmehom, očešavši mi lakat svojim širokim kukom. U tom kuku nisam osetio nikakvu toplinu. Hajde, dete, dodala je, stupajući u kuću, pre nego što će viknuti, ima li ovde neke Adele, hajde, dete, idi nešto crtaj, i moj Karl, mlađi od tebe, već ume da boji kao veliki moler.

Naša služavka Adela se pojavi iz kuhinje. Ovlašno zvirnu gospođi u lice i vrati se u kuhinju. Tamo je šmirglom čistila ringle na šporetu. Otac je bio na tavanu. Mora da je čuo da neko traži Adelu, i mogao sam odozdo da vidim njegovo lice na krovnom prozorčetu. Bilo je oblive no znojem i treslo se. Cela kuća je podrhtavala od njegove iznenadne groznice. Gotovo bi se srušila da u njenom temelju, u kuhinji, nije stajala Adela i, leđima okrenuta pridošlici, bez ikakvog znaka slušala šta joj je ova govorila. Reči su prvih pet minuta bile nepovezane, samo zamršeno klupko glasova. Gospođa je bila uzbuđena što je našla Adelu. Morala je da se raspituje na sve strane. Obišla je mnoge adrese koje su se pokazale lažnim. Sumanuto je lutala gradom i okolinom. Posle tog uvoda, pribra se koliko je to bilo moguće u njenom stanju i zapita.

Znate li ko sam ja?

Adela prestade s trljanjem, lagano se obrte celim telom, suočivši se licem u lice s tom brižljivo i pomodno odevenom ženom, i značajno trepnu. Onda jedva primetno skrete pogled. Gledajući preko gospođinih ramena, osmehivala se s blaženstvom. Kroz otvoreni kuhinjski prozor virili su očevi pomoćnici i davali joj znakove.

E, pa onda, znate i da će Vam kod mene biti bolje nego igde. Držaću Vas kao malo vode na dlanu.

Nema sumnje, gospođo Ginter, da bi tako bilo, maznim glasom reče Adela, i dalje gledajući u pomoćnike koji počeše da skaču, prave svakojake smešne grimase, istovremeno s pohlepnim izrazom. Pokazivali su šta bi sve radili sa Adelom. Bez očeve dozvole su napustili dućan, prepuštajući mušterijama da se same snalaze s balama pamuka, namotanim tekstilom i šarenim tkaninama. Adeline crne oči su blistale. Zadiže haljinu iznad kolena i počeša se po butini. Na trenutak joj se nazre podvezica. Pomoćnicima skoči temperatura, razleteše se po tamnim kutkovima dvorišta. Potom ponovo, gurkajući se i penjući se jedan drugom na leđa, nagrnuše na prozorski okvir.

Prihvatate? – poletno zapita gospođa Ginter.

Adela sede na stolicu uz šporet, prekrsti noge u poluprovidnim čarapama.

Gospođa je, dok je u njoj nesavladivo rasla napetost, čekala odgovor. Ne izdržavši, molećivo je dodala da joj je muž lenština, ćerke su se ugledale na oca, a dečak je divalj i tupoglav. Jednostavno, nemoćna je da sve sama postigne.

Ne. Ne mogu. Adelin odgovor je bio pun samilosti, ali zvučao je neopozivo.

Uzmaknuvši nekoliko koraka, pogledao sam gore na tavansko prozorče. Očevo lice, orošeno znojem, poprimilo je vidno spokojniji izgled. Nekoliko leptirova iz njegove kolekcije pravili su šestice i osmice iznad njegovog čela. Naša služavka Adela nije volela te leteće šarolike listiće čije larve je otac nabavljao po visokim cenama iz najegzotičnijih krajeva sveta. Otuda će ih jednom, dok je otac imao svoj redovni napad gradskog skitanja, mahanjem maramom sve isterati iz kuće da se više nikada ne vrate.

Dok je gospođa Ginter padala u očaj, pozivajući se na neko tobožnje Adelino obećanje, na svoju bespomoćnost, te da služavkin odgovor lako može da je otera i u smrt, Adela je bivala sve mrzovoljnija. Šta će ona kod ovih propalih trgovaca tekstilnim materijalom, ponavljala je gospođa. I hoće li Adela da smesta kleknem pred njom, i već se spuštala na pod kojeg je Adela uvek držala veoma čistim. Gospođa se upusti i u objašnjavanje kako navodno Adeli nudi da bude gospodarica, a ne tek obična i prosta služavka. Adela je slegala ramenima, širila ruke, dlanove okretala na gore, ali nije odstupala. U jedan mah Adela se, na gospođine reči da je spremna i da joj liže stope, zakikota i od tog nekontrolisanog kikota suza joj navre na oči. No, odmah se suspregnu i znalački našminkano lice joj se stvrdnu. Gospođa je iz minuta u minut shvatala da je njena misija propala.

Preleti pogledom pismo i, zanemarivši ono što je dopisao, zape na glasu iz sna; dakle, verovatno je spavao. Ono čega nije mogao da se seti, može biti da mu se otelo dok je pisao. Ako je to bilo i samo na tren, ipak je sanjao. Bog je odstupio, a Veliki falsifikator je u to umešao prste, tvorac zločinac i jeretik. Drži se za nogavice tog jeretičkog tvorca, jer ga samo on svojim lažima može proneti do kraja ovog sveta i, zatvorivši krug, vratiti ga na početak kad još nikakve istorije nije bilo, kad je Mesija, zajahavši horizont, prekoračio oblačne granice i stupio u bespomoćni i otvoreni svet.

Početak sna ispruži ruku iz zaborava i naprosto ga ošamari. Snovi nas kažnjavaju ako ih zaboravljamo. Odmotava mu se taj san poput noći u snegu. Sahrana na pustom groblju. Žrtva je gurnuta pod zemlju, jer to može biti jedino žrtva. Samo je njeno pravo na podzemnu teritoriju, čak i kada ostaje nasred ulice, ili zajedno s drugim žrtvama truli u jarkovima.

Nema obreda, nema molitvi, nema bdenja. Kakav je to leš, čiji, pita se Bruno, jer ne može da nazre nastavak sna. Ovaj san, zaključuje, počinje od repa. Ili je to samo privid mrtve materije koja bi da oživi? A on u ovom času ne sanja li budan nešto puno pretnje, nadoknađujući tako noćašnju nesanicu? Konačno diže ruke, pa ih spušta i ustaje iz postelje. I vreme je, policijski čas je istekao, može napolje. Može, mrmlja, iz geta, ali će u njemu večno ostati. Knjiga je opet na podu. E, moj Gombro, reče Bruno. S njom je i pismo s postskriptom odlepršalo. Tu će ih i ostaviti, hitajući sa oblačenjem. Ne uspeva, međutim, da ustane. Odiže ćebe. Čaršav mu je obavio nogu, a pritisnuo ga je petom druge. Slobodnom nogom odvija čaršav s druge. No, čaršav ne popušta, opire se i na kraju je sav zgužvan. Nozdrve mu golicaju dašci od prašnjave slame. Posle tog malog rvanja nogu i čaršava, Bruno ostaje da leži još neki minut, hvatajući dah.

Rite, misli na iskrzane rukave i kragnu. Uzima svoj poslednji crtež i s dve špenadlice ga pričvršćuje ispod košulje, uz grudi. Na crtežu je tužni muški lik u času dok se pretvara u pohotnu zver koja se umiljava paru devojaka samo u bluzama od tila, s francuskim čarapama, i golim od podvezica do pupka: zagrljene, jedna prekrštenih nogu sedi drugoj u krilo. Bolje mu je. Crtež greje, i deluje protiv uroka. Gombro je otplovio, okrutni, zajedljivi pan Vitold, krenuo je za ljubavlju i nije se vratio iz Argentine. Bruno pokušava da se seti još nečega. No, ne vredi, nije se ni obrijao. Još će mi niknuti brada kao pravovernima. Vezuje kravatu. Primetio je da ga snovi tokom ove godine umiruju. Jedino ga snovi umiruju, utoliko više što je pomireniji da iz Drohobiča neće krenuti za Varšavu. Žuri, jer mora do Doma staraca, mora do Jahačke škole, zatim kod Landauovih. Mora usput da smisli i nekog viteza iz bajke, i neku princezu. Pri svemu tome, oseća sve jaču glad za koju, ipak, veruje da će minuti kad iziđe na ulicu, a možda će i sasvim proći kad pređe granicu geta, mada bi se, da nije postavljen kontrolni punkt za proveru gradskih dozvola, svaki put pitao gde je ta granica.

Krevet je ostao nezastrt, pretrpan uvaljanom posteljinom. Njegov zloslutni izgled odvraćao je da iko više u njega legne. Tako je, inače, bilo nedeljama, i Bruno za to nije mario.

Da li bi mu pomoglo da guta vetar? Kao mlađi se, tokom leta, upuštao u duge šetnje dolinom Tismjenjice. Povremeno bi se dao u trk, razjapivši što više može usta. Osetio bi lahor čak do dna pluća. To je probao i u ranu jesen. Vazduh je bio hladan i pokatkad s dimljivom maglom. Kasnije, međutim, kad bi provejao sneg, nije morao da trči. Brži hod i donekle zabačena glava, i sneg mu je natapao jezik, od daha mu se mreškajući u grlu poput prostrane vodene površine. Ako ne bi disao, na pamet mu pada lenja misao, ovaj vlažni vetar koji duva s pojezerja, gde su široko razlivene močvare i ribnjaci, izmešan s vetrom od podgorja, mogao bi da mu prodre do samog želuca, hladeći ga i zavaravajući.

Kad ne vide da mu iko ide ususret, otvori usta, ali ga posle nekoliko časaka zapahnu tanka nit nečeg tuđeg. Miris nafte, čak dovde od Rafinerije. Zakašlja se sa odvratnošću. Povratio bi da je mogao na gladno srce.

Služio se očevim dok nije sačinio sopstveni plan grada. Svoj plan je smatrao delotvornijim i, svakako, jednostavnijim. Više je odgovarao skrovitijim slojevima gradske zbilje. I jedino je on umeo da ga čita. A danas je bio uveren da su samo na njegovom tačno upisani trgovi, ucrtane ulice i znamenitosti Drohobiča. Drohobič je postao jedan od nevidljivih gradova, lažno mesto u kojem se stranac, služeći se kupljenim turističkim vodičem, nikada ne može snaći, nego je osuđen da luta do besvesti, sve unezvereniji, sve obuzetiji panikom da je pogubio i ciljeve i polazišta. Planovi u prodaji po knjižarama, koji su bili ranije izuzetno precizni i koje su kartografi s ponosom isticali kao majstorski rad među delima u toj vrsti, najednom su izgubili svaku verodostojnost. Ne zato što se grad tobože izgrađivao i širio, što su neka zdanja rušena a druga podizana, već naprosto što je neki zloduh umešao prste. Bog je odvratio oči od Drohobiča. Ustoličena lažnost grada učinila je u jedan mah sve donedavna tačne planove ništavnim, višestruko i opasno lažnim. Ko bi u njih poverovao i krenuo ulicama, prateći na planu pravce i razmere, nazive i koordinate, najposle bi se zatekao u bezizglednom položaju, čak bio uhapšen kao sumnjiva skitnica ili neprijateljski uljez. Tražili biste Gimnaziju u kojoj je nekad predavao slikarstvo, ne koraknuvši nijednom a da prst niste promišljeno pomerili po planu, i izleteli biste čarolijom na drugu stranu, na tesni i lavirintski Podvalem. I plan kojeg je otac čuvao u donjoj fioci svog pisaćeg stola, remek-delo s kojim ste mogli lutati do mile volje, a da ipak nikada ne zalutate, pretrpeo je opisani poraz. Njegovi pergamentski listovi, divno izrađeni u baroknom stilu ilustrovanih prospekata, zauvek su izgubili bitku. Nisu je izgubili protiv zapletenog i raznolikog haosa ulica i ćorsokaka. Izgubili su je od nestvarnosti koja je zaposela Drohobič. Sada su spojeni pergamentski listovi bili puka slika, ni lepa ni ružna, slika nečega čega više nema.

Ako ništa nije tamo gde bi po planu trebalo da bude, Bruno je na laž odgovarao jednakom laži, ali obrnutom po smeru. Plan koji je sazdao za sebe, bio je u njegovoj glavi. Bio mu je neophodan, jer njegov grad, njegov otkad se rodio, više nije bio njegov. Zinuo je da opet uhvati malo vetra. Njegov plan je bio jednostavan. Sva svoja iskustva i znanja je ispreturao u glavi. Idući ulicama pouzdavao se u slučajnost. Fatalan plan. Da bi dospeo do Doma staraca, retko kada bi se pogodilo da donde ide istom putanjom. Zanemarivao je iskustvo i znanje i predavao se instinktu. Plan kojim se služio bio je fatalan, jer je bilo samo pitanje dana kada će izneveriti. I tada Bruno neće stići tamo kuda je naumio. No, mora mu se odati priznanje. Tokom protekle dve godine, od časa kada je zaraza lažnosti nepovratno osvojila Drohobič, valjano ga je služio, onako kako mrtva materija ishranjuje živu.

Poranili ste, gospodine Šulc, reče mu na kapiji Doma staraca Anja koja se trudila da kuću održi čistom i u redu.

Nikako, pre će biti da je dan sporiji nego inače.

Mislite na vreme? Pitajući, Anja poče da mete na ulazu, niz vetar.

Vreme, ne, njega nikada dovoljno, samo mi o vremenu ne pričajte. Znate, Agnješka, vreme više kao da i ne postoji za mene, sve je ispreturano. Izgubljena je postupnost, ni događaji se više ne natiskuju, stajući jedan drugome na pete i prste. Između dve činjenice je ogromna praznina, prostrana i pusta poput mojih pedeset godina. Zato više ni pričanja nema, dodade na kraju Bruno i uđe. A šta ima i da se priča, već za sebe reče Anješka.

Dom staraca je dupke pun knjiga i dokumenata onih kojih više nema. To su konfiskovani romani i lični dokumenti, otete pesme, svakojake maglovite teorije namenjene lomači. No, pre svake katastrofe, mrmlja Bruno, elementi moraju biti dovedeni u red da bi najposle lakše bili srušeni, smrvljeni u prah. Prašina u Domu miriše na propast. Taj zadah, koliko god čistila i brisala, prala i ispirala, Anješka je nemoćna da ukloni. Posle gutanja vetra, danas mu se učini da katastrofa ima i zagušljivi petrolejski vonj.

I kakve veze ima Bog s katastrofama sveta? Nastavi Bruno nemi razgovor sa sobom za oštećenim pisaćim stolom. Posle ovog dana, mogu da govorim neka mi Bog sutra bude u pomoći. Osećam da se nešto zbiva, ali ne uspevam da to prevedem u misao i odgovarajući uvid praćen tačnom i brzom odlukom. Kad se u hipu nađem u nevolji, sav utrnem. Samo se blesavo osmehujem, osvrćem molećivo, a pomoći niotkuda, i nisam siguran hoće li sutra ma koji Bog biti uz mene.

Svaka katastrofa bi mogla biti samo upozorenje. Ali, za šta? Neki znaci mogu biti upozorenje za predstojeću katastrofu, ali za šta je sama katastrofa upozorenje? Za neku još veću katastrofu? Dobro, uvek postoje manje i veće katastrofe. No, istinska katastrofa je ona poslednja, posle koje više nema sveta.

Ako su naše svakodnevne katastrofe upozorenje, onda me svakako podsećaju da ističu poslednji časi, te da bez oklevanja prekinem i iznova počnem, jer je život već na izmaku. Ne misliti na ono posle, ne planirati, nego ispuniti neki nagovešteni smisao, a koji pri tome nikada neće biti ispunjen. Svejedno, bez ludila o kome svakodnevno sanjam, i na koje me svaka katastrofa upozorava, da su mu šanse sve manje, sve tanje, život prolazi uludo. To ću znati kada se suočim s poslednjom katastrofom, i kada više ni trenutka neće biti za ma kakvu avanturu života. Bojim se, a katastrofe me svakodnevno hrabre. Nemam više šta da izgubim, kažu. Uzećemo ti sve ionako, stoga se odluči, ne dopusti da ti svakodnevno podsecamo noge. Skoči, viču mi na uho. Skoči!

Dakle, da skočim!?

Još od jeseni 1939. godine očekivao je da će se pojaviti. Verovao je, ipak, da će se to dogoditi u snu, a ne ovako, na javi, i to dok prevrće i popisuje knjige kojih je svakim danom sve više, koje kao skakavci u najezdi naleću preko noći na kapiju Doma staraca.

Imao je masku, svu obojenu u belo, s crveno iscrtanim obrvama. „Jesi li ti, Staš?" tiho zapita Bruno posetioca. Ovaj ne odgovori, ali skide masku i iskrevelji se, naduva obraze i isplazi jezik. „Dugo ti je trebalo", reče mu Bruno. „Ovo je, naravno, za tebe drugi svet. Da li je trebalo da pođem za tobom? Odlučio si da ne odeš sam, nego u ljubavi i s ljubavlju. Poznaješ pozorište bolje od ikoga." Vitkijevičeva utvara je ćutala, neprestano se kreveljeći. Razjapi usta prstima.

„Izvršio si pravo filozofsko samoubistvo. Uzorno samouništenje, za primer. Nemam argumenta protiv toga. Ako te pamćenje nije napustilo, setićeš se već: ako umrete, nećete znati kakva vas sutradan katastrofa tek čeka. No, zašto da znamo? Kada je ima, taština života je bezmerna, pa je samo svakodnevne katastrofe mogu dovoditi u normalu.

Mene nema više ko da prati u smrt. Josefa? Izgubljena je za mene. Ni ja više nemam koga da pratim. U svemu me katastrofe preduhitruju. Možda katastrofe doprinose tvojoj genijalnosti, ali priznajem da se ja uopšte ne osećam genijalno. Osećam se, naprotiv, kao mrtva materija.

Dakle, ne iz straha nego filozofski si kao prvi čovek, spoznavši obmanu, poveo svoju Evu u svet, u smrt, iz našeg Raja. Tebe je jabuka otrovala, a ona je, Česlava, znaš li, otrov prebolela. Uvek si više hteo nego što drugi mogu."

Utvara tada prestade s kreveljenjem i brzo namesti masku na lice.

„Vidiš", Bruno produži ravnim glasom, „ja verujem da se provalija može preći milimetar po milimetar, postupno, bez skoka. I da je svaki put prelazim šta god da činim dok mislim da vreme ističe, da sam već počeo iznova. Uklet sam, ta taktika malih koraka upropašćava moje snage. Izgleda da postoji jedino slepi skok..."

Pojavi se Anja. „Gospodine Šulc..." On se trže i ustade od stola. „Javili su da danas ne idete u *Reitschule*. Tamo će biti svečani obilazak, oficiri... Bolje da Vas ne vide."

„Voleo bih malo čaja", reče on, podigavši pogled prema stropu kuda je odlebdeo njegov maskirani posetilac.

Izišao je iz Doma. Njegov umor se udvostručio, i njegova glad se pojačala. Još mu je ostalo vremena, skoro ceo sat, do Landauovih. *Herr* Feliks Landau se kući iz gestapovske Centrale vraćao oko četiri časa popodne, ukoliko se ne bi zadržao na specijalnim poslovima ili vanrednim zadacima. Prođe pored zatvorene biblioteke „Alfa". Iz nje je davno pozajmio Rilkeovog *Maltea*. Taj izmišljeni Malte Laurids Brige, koji je trebalo da oponaša svoga tvorca, sada je bio samo sablast, bez daha, u raskoraku sa svojim već mrtvim čitaocima. Sudbina dela je određena brojem mrtvih čitalaca a ne onih koji se još nisu rodili. Zar si došao nešto da mi kažeš ili da me pozoveš? Pitanje je u sebi uputio Vitkaciju, pokušavajući da oživi prošlu seansu s prijateljskom utvarom usred gomile knjiga mrtvih čitalaca. Ali se Stanislav Vitkijevič više nije dao prizvati, ili je smatrao da je na pitanje već odgovorio. Bruna obuze tiha gorčina s pomišlju da je on možda poput Vitkacijeve prijateljice preživeo, da je za njega uobičajena doza otrova nedovoljna. Vitkaci je sišao u podzemlje po nju. Ne iz malodušnosti. Ne, Staš je bio genijalni vidovnjak. I ponovio je Orfejev silazak u Had po Euridiku. Pogrešna doza otrova ostavila ju je na cedilu, u životu. Ili se, zapita se još jednom Bruno, samoubica namerno osvrnuo, taj zastupnik jeretičkih i prestupničkih metoda. Nije odmerio pogrešno, nego je dozu, njoj i sebi iza leđa, hotimično ublažio. Ona je ostala, a on je otišao. Nesreća se ne gubi svojim ponavljanjem, ne postaje elegija, već biva samo trajnija i neshvatljivija. Dok crtam bajke za malog Landaua, i ja ostajem. Zapravo razblažujem dozu, odlažem odlazak. Hteo bih mlaku vodu u koju ću skliznuti polako, a ne hladnu, ne nagli grč. To je moja spiritistička seansa sa smrću, lekcija iz bezbolne smrti.

Bez neke veće odlučnosti, da ne bi negde zastavši bio sumnjiv, krete put Strijske ulice. Odavno nije bio u njoj. Ionako ona nije više ono što je nekada bila, nije više njegova Krokodilska ulica, puna varki i prepodavača želja. Tek što je ušao u nju, srete oniskog i debeljuškastog gospodina Šesta. Tako su ga zvali. Ime je dobio po tome što je rođen sa šest prstiju na levoj ruci. Tek odskora je došao u geto i uselio se u kuću koja je bila i Brunovo boravište. Pričalo se da je zlatom plaćao da ga ne nasele u geto, i potpuno je osiromašio. Kada više nije mogao da plaća, razumljivo je da se našao tamo gde i ostali. Šesto stade ispred njega. „Moj naklon, gospodine Profesore, moj naklon." Kad mu Bruno nevoljno uzvrati pozdrav, ovaj odmah, ne dopuštajući mu da prođe, gotovo kliknu: „Gospodine Profesore, molio bih Vas jedan savet. Potpuno sam sluđen, a nemam nikoga ko bi mi u ovoj stvari mogao pomoći. Svi mi okreću leđa. Jeste li videli naše jutrošnje novine?" Kad mu Bruno reče, jedva ga nekako obišavši, da nije video drohobički *Tigodnjik* i da se boji da mu ni on nikako ne bi mogao biti od pomoći, Šesto zatapka za njim, čak ga uhvati pod ruku, i poče da objašnjava. „Najpre da čujete šta se desilo, a i Vi niste bez veze s tim nečuvenim slučajem, i znaćete bolje, ta još onomad ste sarađivali s tim novinama, i nekada sam s najvećom pažnjom, sa istinskim uvaženjem takoreći proučavao

Vaše crteže koje ste u njima objavljivali. Jednostavno, da Vam kažem, ja sam p-o-k-r-a-d-e-n!" Nije bilo radoznalosti kod Bruna, ali ga iz neke mahinalne pristojnosti pogleda. „Još pre dve nedelje, kada još nisam bio komšija cenjenom gospodinu Profesoru, napisao sam članak i kao slobodan građanin odneo ga u redakciju. Prvo nisu hteli uopšte da me prime, ali imam i ja veza i vezica, i na kraju sam dospeo u kancelariju pomoćnika glavnog urednika. Znate li o čemu sam napisao članak?" Bruno je ćutao i reši da se za minut-dva svakako oprosti od Šesta. „Ne biste pogodili o čemu."

— Pretpostavljam o nečem važnom, jer sve je u našem životu postalo važno — promrmlja Bruno, s mukom pomislivši da je u njihovom životu zapravo sve postalo nevažno. Osim, da on žali što se već jednom ne pretvori u neku divlju mačku i počne normalno da živi na drveću, negde u prašumi, pravekovnoj prašumi, kada je vreme još bilo detinjarija, mesijansko doba.

„Apsolutno ste u pravu", kaza Šesto, i čvršće steže Bruna za ruku, kao da je predosetio spremnost gospodina Profesora da se s njim ubrzo oprosti. „Apsolutno ste, kažem, u pravu. Reč je, ukratko, bila šta s Jevrejima. To je pitanje koje nas sve boli. Predložio sam da nestanemo s lica zemlje, i da se tako konačno ustanovi da smo mi so ove planete. Založio sam se da se pitanje već jednom i konačno reši. Jevreji nesumnjivo zaslužuju poseban tretman. Naravno da se slažem da se iz našeg naroda moraju ukloniti one Jevrejčine, oni Čivutini, one bradonje koje možemo da prepoznamo i po nosu. No, mi drugi, istina malobrojni, bili bismo zahvalni za specijalan postupak. Izneo sam, na primer, mogućnost da se nastanimo na kometi. Neka se pripreme transportni avioni; evo ja bih prvi priložio sve što imam za njihovu izgradnju. I kada ponovo u našu blizinu naiđe Halejeva kometa, a to bi trebalo da bude uskoro, da budemo prebačeni na nju, i mirna zemlja, i svi bismo bili srećni i radosni. Ideja mi je pala kada sam, tu, skoro, pročitao izjavu uglednog nemačkog naučnika, jednog od vrhovnih akademika, da je Halejeva kometa nakrcana svim elementima i supstancama, koji su i u sastavu Zemlje, i da je, dakle, izuzetno plodno mesto, ne samo nastanjivo i podobno za život, nego pravi, nebeski raj."

— Znači, dosta s Jevrejima — prvi put Bruno reče glasnije.

„Nego šta, dosta, svojim pitanjem samo opterećuju Zemlju, lišavaju ljude blagodeti, dosta, dosta, i srećan im put. A vratićemo se s Komete tek kada nas budu pozvali pokajnički, izvinjavajući se za sve što smo morali da plaćamo. Ali, nije u tome problem."

— Da, Vaš članak, gospodine Šesto...

„Pomoćnik glavog urednika me je primio namrgođeno i namrgođeno me je ispratio. Navodno, članak će biti pročitan, i ako je tako revolucionaran kako kažem, svakako će biti objavljen. Evo, koliko sam dana već nestrpljivo iščekivao pojavu moga članka. Noćima nisam trenuo od uzbuđenja. I danas sam još pre zore bio na nogama, i molio se da policijski čas već jednom prođe i ja vidim svoj članak, lepo ukrašen, s velikim naslovom, s mojim imenom, objavljen na čelnom mestu u novinama."

Bruno se seti šljapkanja u hodniku.

„Međutim, pokraden sam, i zato tražim Vaš savet. Šta da radim? Članak je objavljen, pogledajte." Šesto razvi novine i nadlanicom blago lupi po naslovnoj stranici. „Istina, naslov mu je izmenjen. Moj je bio *Halejeva kometa – Obećana zemlja*. Imam ja stila. A oni su stavili nešto trt-mrt o Madagaskaru. Sve su moje teze tu. Delovi članka su nešto ispremeštani, ponešto je i izostavljeno, ali sve je tu moje. Sada shvatam zašto nisu članak mogli odmah da objave. Trebalo im je vremena da ga isprepisuju, da promene tu i tamo pokoju reč, kao i da ja zaboravim na ono što sam napisao, pa tek onda da ga mirne duše objave, i to pod tuđim imenom, kao da se ja tobože stidim svoga. Članak sam čak potpisao nadimkom, da bi svi znali ko je njegov pisac. Eto, vidite da sam opljačkan. Moj članak je objavljen kao da nije moj. Moje ideje su plagirane, samo što su izvršene neznatne zamene, umesto Komete – Madagaskar, inače tu je i poseban tretman, i konačno rešenje, ma u celosti je moj autorski rad prepisan. Uzmite, pročitajte, uverite se i sami."

Bruno sleže ramenima, rekavši tiho: „Zaista žurim, već mi je vreme. Pa ipak, ako verujete da sam upućen u te stvari, u plagijate, krađe autorstva i slično, moj savet je da jednostavno dignete ruke. Budite naprosto zadovoljni što Vaše ideje prolaze, što hvataju korena, i postaju takoreći opšte dobro. Šta biste inače učinili? Ne primajte to srcu. Jednom će istina biti otkrivena i bićete neizbežno udostojeni pažnje. Vaše ideje su originalne. Ako ste danas marginalizovani, sutra ćete biti u centru, nećete moći da se odbranite od slave, a ona je k'o kuga, ni vatra je nije kadra zauzdati."

„Da, da, tako sam i ja sam na momenat pomislio. Apsolutno ste u pravu. Postupiću kako kažete. Izvinite, još trenutak: kako ste ono rekli – da ne marim, da budem ponosan, jer moje ideje su opšte ili javno dobro?"

Bruno odmahnu rukom Šestu, što je za ovoga značilo i jedno i drugo, i opšte i javno dobro, kao i diskretnu, ali solidnu podršku gospodina Profesora da nastavi sa svojim originalnim idejama, požrtvovano, ma i po cenu da njegov genije ostane nepriznat, da, valja biti dosledan i odvažan, uraditi najviše šta se može, po svaku cenu, nema vatre bez pepela, da, i tu mu se ote glasno, dosta više s tim tlačiteljima Jevrejčinama. Slučajni prolaznik pogleda Šesta sa odobravanjem.

Za razliku od murala koje Bruno radi, po nalogu gradske komande, na zidovima Jahačke škole, *Reitschule*, za bivšeg stolara Landaua, današnjeg gestapovskog časnika, pravi porodične portrete, rodoslove, oslikava dečju sobu. Bivši stolar je za sebe obezbedio ličnog umetnika, „svog Jevrejina". Dokle god je „njegov", poklonjena mu je izvesna zaštita, mimoilaze ga pogromi i transporti, a ponekad dobije tanjirić čorbe ili ostatak od ručka. „Ja sam domaća mačka", ponavlja u sebi dok se prijavljuje, „pijem mleko iz zdele."

Danas samo jedan, jedan i po sat, kažu mu, pa ni toliko. Večeras domaćinu dolaze gosti na dogovor.

Bruno se dvoumi koju od Grimovih bajki da izabere. Dali su mu olovke u boji i tabak crtaćeg papira. On zna kako je to teško naći u prodavnicama Drohobiča. Dete nije tu, izišlo je da se igra. Kao da se preslišava, poluglasno prepričava *Ivicu i Maricu*, a onda započinje lagano da crta jedan od prizora iz *Snežane i sedam patuljaka*. Da li da za Snežanu skine crte s Jozefininog lica? Ona je ionako katolkinja. Odustaje. Nije sposoban da dozove Josefin lik. Snežana, uspavana, ispada nekako bezlično. Tek nagoveštena sličnost sa Anješkom iz Doma, i u izvesnom smislu sa srpskom kraljicom Dragom Mašin, onako kako je ona mogla izgledati u njegovim mislima. No, princ u potpunosti liči na Šesta, ali veoma vitkog i podmlađenog. Nos je apsolutno njegov. U ćošak ubacuje i jednog patuljka. To je, onako, njegov iskarikirani autoportret. Na patuljkovom maltene bezizražajnom licu iskrsava, jedva primetno, tek iz pozadine, životinjsko lice. Bruno s nekoliko poteza pojačava i sada je to, mada i dalje teško vidljivo, ali nesumnjivo prisutno, žalostivo psetance čije oklembešene uši vise preko patuljkovih obraza. Da bi obris prerušio, docrtava kapuljaču sa spuštenim ušankama. Nisam više za detinjarije, prošaputa, moja genijalna epoha je iščezla, detinjstvo, moji mesijanski trenuci.

Bruno se zagledao u rad. Okleva. Da li da nacrta drugi, a ovaj ponese? Ne, ne bi više stigao. Nema vremena. Na kraju bih ga još i uništio, pomisli, kada se setim onih papira u Domu staraca, te oporuke prema kojoj niko više ništa ne baštini.

Bruno oblači tanki kaput na izlazu. Samo da stigne pre policijskog časa da ode još po hleb. Napolju duva. „Vidim da se slabo hraniš, Šulc", kaže odsečno Feliks Landau, pojavivši se u predsoblju, i u uniformi. „Ne štedi na sebi i nemoj da mi se razboliš. Očekujem mnogo od tebe. Naša nacija ceni umetnost, i lično sam je dobro upoznao dok sam radio stolariju." „Da, *herr* Landau." „Zakačio sam se s Ginterom. Taj je osvetoljubiv." To je tako rekao kao da je rekao „gad". „Ne mogu da brinem o svemu, a poslova, s vama, Jevrejima, uvek ima. Jasno mi je da ste zaslužili, ali uvek govorim da oni koji umeju – mogu greh da odrade. Znači, ne izlaži se, drži se reda. A sada idi do kuhinje. Neka ti nešto daju."

Prebirajući u glavi svoj „jednostavni plan" grada, uobličen na instinktima i čistoj intuiciji, planirajući kako da najbrže stigne do hleba, ponovo pomisli na Josefu. Zar je mogućno da se ne može setiti njenog lika? Dobro, ove godine su za njega ionako godine amnezije. Najstrelovitije nam iz mašte vetre oni koji su nam bliski ili su nam nekada bili veoma bliski. Posvetio joj je svoju drugu i poslednju objavljenu knjigu priča. Tako je postala njegova zaručnica ne samo u životu nego i u duhu. *Sanatorijum pod znakom Peščanika* Jozefini Šelinskoj. Spojio je laž i istinu života i duha. Ne, ne samo da nije kadar da je sebi opiše, nego je nemoćan da išta kaže o njoj a da mu to samome zazvuči verodostojno. Pre pet-šest godina mogao je s njom da provede najmanje mesec dana u Lešnjoj potkovi, u najboljim sanatorijumskim uslovima, kada se bolesna čula oporavljaju u dodiru s prirodom i isceljuju kroz ljubav, a ipak nije. Čitava večnost je otada prošla. Mogao bi da kaže da se celog života nije micao odavde. Pariz, davno, Varšava ponekad, uvek prekratko. U Domu staraca, u pećini knjiških kolekcija, na dnu tog ispisanog bezdana, u poslednjoj knjizi, sakrivenu čuva falsifikovanu ispravu s kojom bi mogao da se preseli u Varšavu. Bila je zrno peska posle čijeg pada moramo da okrenemo peščani časovnik. Ta *Kennkarte* mogla bi biti izbavljenje. No, šta neki Statistički zavod zna o njegovom spasu! Odmahnu rukom i ogleda se u strepnji da ga ne vrebaju. Šta je onako mrko govorio Landau? Da ga ne uhapse? Gutljajem supe zavarana glad vratila se još žešće. U ćudi joj da biva sve nestrpljivija što je veće očekivanje da će biti utoljena, što je bliže hlebu. To je glad crnog četvrtka.

Jozefina je izgubljeni čarobni breg. Od zajedničkog nam ostaje jedino Kafkin *Proces* u prevodu. A i on je poput isprave za Varšavu falsifikovan ili nam je, dok je prevodila i pouzdanje joj opadalo, sav pesak iscurio iz peščanika. Na kraju sam jedino ja potpisao prevod, njen prevod, moje ime. Valjda je tako moralo biti. Posveta nije dovoljno iskupljenje. *Mesiju* ne diram; od kada – ni ne pamtim. Jedan roman za drugi, pisani za prevedeni, nedovršeni za nedovršeni. Moj rukopis u komadima, moj *Mesija* koji neće objahati horizont i, naginjući se nad svet, konačno pasti na ovu zemlju koja više nije ni bespomoćna ni otvorena ni bela – za *Proces* kome takođe nije mnogo nedostajalo da skonča u Domu staraca, razvrstan, popisan, spaljen. Da bi neko delo bilo sačuvano, drugo će morati da ostane nestvoreno, za sve koji se nikada rodili nisu niti će ikada biti rođeni. Eto pravde koju fantazija uvodi u stvarnost.

S *Mesijom* ode i Josefa. Zato se više ne sećam njenog lika. Ona je lik iz *Mesije*, i ostaće tamo kao u kovčežiću koji sam, želeći da biram između mnogih, promašio... Kao u snu, kao da sam hodao u snu i, u neverici, promašio kvaku. Tako sam promašio i s Lešnjom potkovom, i s Josefom, u *Mesiji* ili u životu. Pipnuvši džep u kome mu je bila dozvola za kretanje, preseče ulicu. Zagrizavši usnicu, direktno se obrati liku iz romana. „Izgleda da ja to samo sanjam, je li?"

— Sve vreme sam to znala. Ali, kako bih mogla da ti to kažem!

— Da, ne, nisi mogla. Nisam ti davao priliku. I prevodila si pod mojim pritiskom. Sve što si mogla, bilo je kao sudbinski predodređeno. Zahtevao sam da govoriš jedino o sebi. O meni si morala da ćutiš. Trebalo je da te pustim. Više znaš nego što hoću da priznam. Zapravo jedino što znaš – to sam ja. Ni o kome drugom. Ponajmanje o sebi. Ti si moj san, moj, ničiji više, i nikome važan osim meni.

— Da. Ne postojim drukčije. To je tvoja muka, a sada i moja. To je čarolija od koje nikome neće biti lakše, ali barem znamo da smo proživeli nekoliko trenutaka u nadi da će nam biti lakše, u nadi da iz svega može nešto ispasti.

— Pa? Da li je ispalo?

— Sanjaš me, i ništa više. Sanjaš me, i ništa više. Sanjaš me, i ništa više. Ništa više. Baš ništa, ništa.

— I to *nimalo* — već mi je u svakom pogledu mnogo. Još kada bi se nekako oslobodila mene, kada bih bio otpušten s ponižavajućeg, činovničkog mesta tvog čuvara, bilo bi više od svega, prava stvar.

— Onda bih ja tebe mogla da sanjam. Šansa da nešto ispadne.

— Da. To.

Trebalo je, izgleda, da prođe dan i da ga tek prvi sumrak nepobitno uveri da je prošle noći ipak usnuo, i da više ne umišlja. I da je svu svoju fantaziju ostavio u dečjoj sobi, predao je bajkama, zamenio za šoljicu supe. Sada mu se svest razbistrila i znao je da je spavao, i seti se nastavka prizora iz sna. Tigrovskim skokom se našao na zidu koji je opasivao groblje, taj svetli džep usred velike, talasave jesenje noći, još većoj usled senki, raširenoj vetrovima. Prepoznao je i groblje, Jevrejsko. Pogledom je pratio daleku priliku na mračnoj ulici. Zalaja neko štene, a prilika požuri, gurajući kolica na dva točka, i kao da na trenut ručka htede da isklizne iz prenapregnute šake. Kad god bi dvotočkulja malo zaškripala, iz kapija bi se oglasio lavež. Na kolicima je bilo beživotno telo, tek delimično prekriveno. Na mah se našao u gradu zaraženom kugom, po čijim ulicama razvoze i spaljuju pomrle. Strese se. Sve mu se to približavalo, lavež, škriputanje, tamna prilika na čije je lice usredsređeno čekao da ga jasno vidi i raspozna. I to mu ne bi neobično.

Dok je hitao, pošto je nabavio hleb, plativši ga prehrambenom kartom i crtežom, od jutros skrivenim pod košuljom, pridruži mu se Pavel. Njih dvojica se, konačno, zaputiše Ulicom Mickijeviča. Pod kaputom je milovao umotani hleb, odolevajući da ne odlomi komadić i proguta ga naočigled sve ređih i sve užurbanijih prolaznika. Opazi kako ga vrebaju pogledima, a pokoji bi im trepnuo kao u znak neke opomene, uvek neshvatljive. Pred očima mu najednom ponovo i živo iskrsnu san. Bio je to upravo Pavel u snu; prepoznao je i ulicu, to je bila ova ulica, eno tamo na okretu u Ulicu Čačkog, prepoznao je i mesto, do koga im je ostala još nekih desetak koraka. Na tom mestu Pavel usred noći, iz džepova ubijenog grčevitom brzinom vadi dokumenta i papire, a onda ga jedva nekako tovari na kolica koja se malo-malo pa izmaknu, izokrenu, kao da su živa i odbijaju da prime taj teret. Po svemu sudeći su pozajmljena od nekog poverljivog suseda, i s njima onda niste najspretniji. Okrete se prijatelju i htede da mu ispriča svoj san. „Sanjao sam te...", ali ču kako ga preko ulice neko poziva, piskavim glasom. Istovremeno, u Ulici Čačkog vide da je racija. Desetak ljudi stajalo je u gomili. Glas u kome se osećala začuđenost i radost, kao kada nekog bliskog sretnete neočekivano, glas istovremeno nošen upitnošću i nerazumljivim, slavodobitnim besom zbog upitnog tona. „Jesi li ti, Bruno?" Bruno mahinalno ubrza, pa stade i pogleda ko ga zove, sa strepnjom već zbog činjenice da je na domaku policije koja je zapovednim povicima saterivala nemu grupu na pedesetak metara odatle. Opazi da se Pavel uzmaknuo u senku apoteke, i udaljavao koračajući unatrag. Piskavi glas je poticao od... Bruno je s nevericom zurio u dečaka, odevenog u crnu uniformu i s lakovanim čizmama čije su pete odzvanjale po pločniku. Dečak najednom poraste. Nije mogao da se priseti da li ga poznaje. „Šulc", reče mu ovaj, još piskavije. „Ne poznaješ me, je li? Ja sam onaj koga odavno tražiš, i za tebe sam Mesija." Izvadio je iz futrole već otkočeni pištolj. „Klekni!" Dok se spuštao na kolena, Bruna kao da prostreli san kojeg nije stigao nikome da poveri. Vide da je telo sahranjivano u njegovom snu, telo koje je na taljigama nošeno noću po Drohobiču put Jevrejskog groblja, telo čiji neobeleženi grob nikada više neće biti prepoznat, njegovo sopstveno telo. Vide da je, u poljupcu s pločnikom, beskrvno lice mrtvog koji će biti odnesen s puste ulice, njegovo lice. Instinktivno, štiteći se, veknicom hleba pokri vrat, oseti čak i njen tvrdi, neočekivano hladni dodir na zatiljku. Prvi put da ga je bolesna glad tokom tog dana prošla. Iznad glave je čuo šištavi smeh. Ja nisam mrtav, pomisli, samo sam začaran, i u tom trenu mu je gestapovac Karl Ginter prvi put pucao u glavu. Onda je, ponovo u glavu, opalio još jednom.

Sve je u tom četvrtku bilo uobičajeno u životu Bruna Šulca, sve je bilo kao i mesecima unazad, osim da je ovoga puta Bruno Šulc bio zauvek začaran. I razumljivo je tada što njegov grob, posle oslobođenja, kada je Drohobič pripao Ukrajini, nikada nije mogao ni biti pronađen. Čak su, putem novinskog oglasa, traženi njegovi naslednici ili dalji srodnici da bi im bila predata Šulcova ostavština. Ali, ni oni se nisu javljali, niti su ikada nađeni. Rukopisna ostavština u pitanju, neuručena, u kojoj je mogao biti i roman *Mesija*, takođe je nestala bez traga. I ona možda začarana.

Bruno Šulc je, u sumrak, ostao na ulici izvesno vreme. Potom se piščev prijatelj krišom vratio po njega. I po hleb, koji je začudo ostao na mestu, netaknut, poprskan krvlju. U tom hlebu, u koji nije zagrizao uprkos ogromnoj gladi, stekla se sva detinjasta blagost Šulcovog života, hraneći nas koji ne želimo da ga zaboravimo. U našoj začaranosti traje njegova začaranost. Sve ostalo što se može reći, već pripada mašti.

AVETI

Recimo, Vlada Dugme se posle dvanaest godina vratio u svoje rodno mesto, vratio se zapravo baš u kuću u kojoj je proveo burni period svog života, vratio se, kažimo ukratko, da bi raščistio sa svojom prošlošću koja mu i danas ne da mira, neprestano mu se vraća i donosi mu silne nevolje u njegovom, da kažemo, skromnom ljubavnom i pustolovnom životu. Vest o njegovom povratku prostrujala je celom ulicom. Ljudi su se s nevericom zgledali. Nije mogućno, Vlada Dugme, vratio se, posle svih onih razvratnih stvari, vratio se, oh Bože, bolje da nije, taman smo se skrasili, životarili i umirali, utihnuli sukobi, svakojake priče jenjavale, a sad, sad će opet biti priče na pretek. Tu strepnju najviše je osećala Ruža. Ona je bila jedna od ondašnjih Dugmetovih žrtava, po sudu upućenih glavna žrtva, i bojala se, razumljivo, da će ponovo biti. Nema veze što uskoro puni trideset i tri godine. Te godine su najbolje, govori ona, premda je svesna da je odnedavno muči problem s kojim se još nije dokraja suočila i nije otkrila kako da ga reši.

Vlada Dugme je otišao u Lenjingrad, a vratio se iz Peterburga. Zapravo je otišao iz Peterburga u Australiju, gde se muvao poglavito po Adelaidi, i tamo nagomilao razne avanture, s raspuštenicama, udovicama, udavačama i čak usedelicama. Žene se lepe za njega, a on štedro uslišava njihove molitve. U tom pogledu je besprekoran, ni majka mu ne prebacuje. Ona ima prodavnicu dugmadi, konca, vunice, čioda, pribadača i igala u našoj ulici. Svako veče, leti, ispoliva pred radnjom, da se prašina slegne, pa sedne na stoličicu, raširenih nogu, podnimi se na kolena, i posmatra kako se deca igraju. Decu zove „majmunčići moji" i deli im svilene bombone iz štanicle. Izvuče kesicu s bombonama koje blistaju i zove: „Hajde, majmunčići moji, da vas teta Sojka počasti." Dobra žena. Vlada joj je jedinac, ali kad je otperjao u svet, nije tugovala, bar nije to pokazivala. Kad bi pozvala majmunčiće, podelila im svilenjake, krišom bi obrisala čelo, obrve i oči rubom kecelje, kao da briše kapljice znoja. Leta su bila vrela, večeri sparne.

Sad kad se vratio, ili je pao s neba, u iznošenom odelu koje je donekle ličilo već na nečije odbačene rite, svakom ko je hteo da ga sluša objašnjavao je, onako poverljivo, da je otišao bežeći od vojske. Slušali su ga ljudi i posle se smeškali. Vrlo dobro su znali pravi razlog Dugmetovog bekstva. Nije mu pomagalo ni kad bi nevino, kako je već umeo, gledao u lice sabesednicima, s onim njegovim antracitnim očima tinjalicama, još lepšim od prekrasnih dugmadi koje je prodavala njegova slatka majka. Burni život koji je ovde vodio, Dugme je, po glasovima koji su pristizali, pouzdani mada ne i proverljivi, nastavio da vodi i drugde. I u Rusiji, gde se uključio u svakojake trgovačke poslove između Istoka i

Zapada, koji su donosili basnoslovni profit, ali i nepredvidivi rizik. Morao je, naposletku, da se skloni iz Peterburga u čijim noćima je počelo da se šuška o ceni Dugmetove glave. I u Australiji, gde njegova unutrašnja energija nije našla očekivani spokoj i uživanje u dotad postignutim rezultatima, i gde je još većma proključala na žalovima i u oslobođenom Dugmetovom raspikućstvu, da bi i odatle u neku ruku pobegao od sopstvenih obećanja koje je velikodušno delio ženskom svetu. Čuvena blagost tog sveta se, pošto je Dugme, izgleda, nezasito prekoračio sve dopustive granice, prometnula u okrutnost i na kraju je glava našeg čoveka iz Mileševske ulice, u tom raju na zemlji bila ucenjena na čitavo malo bogatstvo. I konačno, u Južnoj Americi, u Buenos Ajresu, u kojem će pod imenom don Romero, udruživši svoje zavodničke i banditske talente, kombinujući topla i hladna sredstva, dospeti na čelo jednog od tamošnjih gangova koji je kontrolisao poslove s kradenim automobilima i ženama. Don Romero je u asortiman robe s kojim je radila njegova porodica uveo značajnu specijalizaciju: od kola, samo mercedesi, bentliji i bemveji, a s druge strane isključivo prirodne plavuše i riđokose, i to opet one po ćudi neposlušne. Kao da se u tom Dugmetovom potezu može delimično prepoznati izvesna nostalgija koju je mogao da skriva u sebi, budući da je Ruža bila plavooka riđanka. To je, ipak, tek pretpostavka.

Ali, šta je dvanaestak godina! Za to vreme se osvajaju i gube države. Kad krene, sve se odigrava brzo, smatrala je Ruža. Niti je do nas ikad doprla vest niti je o tome Dugme ikad pričao, ali na pitanje kako je i zašto je on, kome je sudbina uvek išla naruku, izgubio svoju treću državu u Argentini, nismo imali uverljiv odgovor. Nagađali smo, onako kako je već običaj u našoj zabiti, raspitivali se u mreži po planeti raštrkanih probisveta rodom iz Mileševske, i dobijali jedino odjeke koji su i sami bili pusta nagađanja. Pravi razlog nenadanog Dugmetovog povratka ostao nam je pokriven oblakom nepoznanja. Kako god bilo, u svojoj svetskoj karijeri dostigavši neslućene visine, Dugme je ponovo bio među nama, go kao crkveni miš. Nije nam bilo prijatno. Nismo se tom padu s neba radovali. Jedino je tetka Sojka prestala da keceljom briše lice po kojem joj se rosio znoj, i svojim majmunčićima još štedrije delila svilene bombone, a Ružinim ćerkama, jedanaestogodišnjim blizankama, šila haljinice, poklanjala rukavice i pazila ih kad im je majka odrađivala noćnu smenu kao simultani prevodilac s više jezika. Devojčice su bile nalik jedna drugoj kao dva jajeta. Obe s primesom mongoloidnosti, zamalo kosooke, pa smo ih u razgovorima pominjali kao „šangajke", s fantastičnom međusobnom sličnošću, bile su zapravo simetrične. Mogli smo lako da ih razlikujemo, upravo zbog njihove apsolutne sličnosti. Obe su imale modrikasti mladež kod oka, a u bujnoj crvenoj kosi po sedi pramen. Međutim, i pramen i mladež, istovetni, bili su im na različitim stranama. Jednoj je bio kod levog oka i na levoj strani glave, i ta je bila levoruka, a drugoj, desnorukoj, kod desnog oka i na desnoj strani glave. Naša sigurnost da ih od malena razlikujemo na osnovu tako raspoređenih znakova neće trajati još dugo posle Dugmetovog povratka. Kad je Dugme, premazan svim svetskim mastima u prerušavanju, stvar konačno uzeo u svoje ruke, mogli smo da svakoj izvesnosti kažemo laku noć. Danas bismo šangajke sreli u očekivanoj verziji znakova, ali sutradan su obe imale po dva modrikasta mladeža i po dva seda pramena, tako da su im se obe strane podudarale. Preksutra već nijedna od blizanki ne bi imala ni mladeže ni sede pramenove. Podozrevali smo i u najgoru mogućnost kad bismo ih videli sa očekivanom verzijom. Dovoljno je bilo malo dobre šminke i nešto valjanih boja za kosu, i eto potpunog preokreta u presudi prirode. U školi, njihova učiteljica nije više kao ranije znala kad s kojom ima posla; šangajke su počele da se podjednako spretno u pisanju i u svemu ostalom služe sa obe ruke. Predosećali smo, čak i više nego predosećali, da su u to, verovali smo smišljeno, ruiniranje naše moći prepoznavanja, umešani vešti Dugmetovi prsti. Možda je u toj novoj igri bilo i neke pravde, možda je to bila lekcija koju nam je držalo svetsko iskustvo uspona i padova da ništa na zemlji nije niti sme da bude jednoznačno i izvesno.

Jasno, Dugme se opet sljubio s Ružom, ipak nakratko. Nije mogla da ga odbije, jer se odnedavno u njenom životu sve počelo brzo da odigrava. Počelo je to kod nje može biti nekoliko meseci pre Dugmetovog povratka. Šangajke je takoreći podizala sama i njena silna i žustra snaga, zbog koje smo joj se divili, počela je, neobnavljana tokom proteklih godina, da se osipa. Jenjavala je bezmalo naočigled. Obratila se lekaru da izmoli makar poštedu od iscrpljujućih noćnih smena. Nema tog lekara koji bi odoleo njenoj molbi. Ko zna šta bi sve oni uradili samo da mogu da gledaju Ružu izbliza i da se pohvale da su joj učinili uslugu. Po prirodi je bila nedostupna i umela je bez pardona da otkači nasrtljivce. Otuda je i zaradila noćne smene. Sad je bila na kraju snaga, a lekar je, više rutinski, želeo da pogleda u njenu krv. U tom rutinskom potezu osećao je da zakoračuje dublje u Ružinu intimu. Stvar se pokazala ozbiljnija. Tražio je novu analizu krvi, pa onda i analizu koštane srži. Pošto su je mesec dana ispretraživali, Ruža se suočila s nepobitnim otkrićem. Osvrnula se i shvatila da joj, s jedne strane, predstoji da bilansira sopstveni život, te preduzme sve što joj je još dato da ga zakrpi i, s druge, da razmotri kako da zbrine svoje ćerke. U programu Ružinih ćelija ustanovljeno je samoproždiranje kao nedvosmisleni nagoveštaj skore smrti.

Spone su pukle u njoj. Otvoreno je žalila što nije uvek činila po svojim istinskim željama, što se trošila na nevažne stvari, što sve svoje vreme nije uložila u nešto što ostaje i što je davalo dalekosežan smisao životu. Ni sad nije umela da najbolje razabere šta bi to bilo, ali je bila uverena da bi to neizbežno znala da je krenula na vreme. Tu su, međutim, bile njene ćerke, valjda jedina odluka koju je donela i ispunila punim srcem. Nikad se, ponajmanje sad, nije pokajala što je izabrala da rodi. Iako napuštena, dok ih je nosila u sebi i dok ih je rađala i potom negovala u priličnoj oskudici, nije u njoj bilo nimalo sumnje. Ali, trebalo je pobrinuti se za njih kad nje više ne bude. Pripremala ih je za to, sa istom predanošću i odlučnošću koje je godinama ulagala da njihovim majušnim telima bude ugodno i da steknu još malo pameti kojom nije bila zadovoljna. Šangajke, istina, nisu bile ni prosečno inteligentne, mada se ne bi moglo reći da su bile baš retardirane devojčice, ali i u svojoj zaostalosti u razboritosti bile su simpatične i umele da se u poslednjem trenu prilagode datim situacijama. Da nisu beznadežan slučaj, trebalo je da zahvale Ružinim naporima. Sojkina pomoć bila je dragocena, ali nekako simbolično. Ruža ni od koga nije tražila pomoć niti očekivala podršku. Kad bi joj bila ponuđena, prihvatala ju je ravnodušno, pa je to izgledalo donekle kao i da je istovremeno odbija. Naprosto, izgubila je poverenje u druge. Kad je ocu njenih devojčica saopštila da je u drugom stanju, ovaj je već sutradan zbrisao. Pre nego što je zašao iza ugla, mahnuo joj je rukom i kažiprstom poslao poljubac. Otada ni glasa od njega. Nije ni ona večita, rekla je ćerkama, voleće ih i kad je više ne vide, uvek će ih, izdaleka i nevidljiva, paziti tako da i dalje budu vesele i lepe. U isti mah je prebirala po siromašnom broju mogućnosti da doista bude onako kako im obećava. U taj čas evo Dugmeta. Samo joj je još i on nedostajao u komplikacijama da reši problem. Doprineo je uvećanju njene strepnje. Otežavao joj je traganje za rešenjem. Tri dana pošto se vratio, smestio kod Sojke i video sa svima u ulici i s većinom ortaka koji su se još zatekli u gradu, iskrsnuo je iza ćoška pravo pred njih. Šangajke s Ružom i njima u susret Vlada Dugme. Ruža se stresla. Sagnuo se da pozdravi devojčice koje su ga istovremeno, kao da ga oduvek znaju, poljubile u obraz, levoruka u desni i desnoruka u levi obraz. Kakav prizor! Pogledao je Ružu u oči, kao da je pre sat vremena otišao na partiju bilijara, i odmah je sve razumeo.

Tokom sledeća dva dana Ruža je viđena samo jednom. Potom je nestala. Dugme se preselio u njen stan. Ruža je navodno otputovala iz zemlje. Dugme je počeo da radi u majčinoj dugmetarnici, i preuzeo svu brigu o Ružinim ćerkama. Ubrzo je odustao da živi u Ružinom stanu i sa devojčicama, radi štednje, potpuno prešao kod Sojke. Niko ne bi rekao da je on ikad bio crna vidra u Peterburgu koja je izlazila samo kad se smrkne, niti glasoviti „ajgir s Balkana" u Adelaidi, još manje moćni don Romero s južnoameričkim sedištem i nitima rasprostrtim po celom svetu. Mušterije su ga u prodavnici zaticale kako mirno sedi za tezgom i čita. Niko ga čak više nije zvao ni Dugme. Zaslužio je drugi nadimak. Pošto su šangajke u školi neprestano pričale o nekom Ničeu, te Niče ovo, te Niče ono, te večno vraćanje, te nema smeha niti obećanja osim kod ljudi, i metafizika je smrt, nije dugo trebalo da dođemo do zaključka o Dugmetovom štivu. Tako je Dugme postao Niče iz Mileševske. Samo tako smo ga zvali, „Niče iz Mileševske" ili „Niče Mileševski" ili „Niče Mileševac".

O Ruži smo najpre saznali da je izvesno vreme provela u Lisabonu. Zatim, da je odletela neznano kud. Ne verujemo u čuda, ali s Ružom je svako čudo mogućno, s njom je, kao što znamo, uvek neko ludilo. Posle tri-četiri godine pojavio se iz sveta jedan od naših uobičajenih uličnih probisveta i zaklinjao se da je u

Venecueli, gde je u Karakasu robijao godinu dana, čuo da je nekadašnju gang-porodicu don Romera preuzela izvesna Rozita, žena-vatra. Njeno ime se izgovara s najvećim strahom. To je valjda prvi put u istoriji organizovanog kriminala da je na čelo neke južnoameričke bande došla žena. Pre nego što će iščeznuti takoreći preko noći, isti probisvet je, kad smo ga napili, ispričao da je Rozita zabranila, pod pretnjom najstrašnijom smrću, da se ime njenog prethodnika ikad više pomene i čak je opozvala sve ugovore na isporuku paketa za Romera. To je značilo da Romero, ako je još uopšte živ, može mirno da živi dalje, jer ga više niko ne traži da mu isporuči onaj paket poslednji u svačijem životu. Kad smo opijenom lakoumniku zucnuli da je bivši superčovek, Romero, možda nedaleko, samo neka se izjutra raspita za Ničea iz Mileševske, on se smesta otreznio, ustao od stola i otišao unezveren. Zarekli smo se da o toj priči nikom ne govorimo, ali da je ta budala bila suviše radoznala ili se još nekom hvalila, nije nemogućno. U svakom slučaju, od te propalice nema više ni traga ni glasa. I tu se zasad završila tajna povest o Ruži koja je, izlečena od neminovne smrti i ponovo rođena, uzela ime Rozita, donja Rozita.

Hm, Niče iz Mileševske, prevrtala je po glavi Ruža, da li je to bila njena istinska želja čije ispunjenje daje smisao životu, vraća mu izgubljeni ukus i obezbeđuje mu smiren kraj u svesti da je učinjeno sve što je mogućno? Odložila je tajnu povest, pošto ju je dvaput pročitala, u fioku i zaključala je. Ružina hladnokrvnost je u tim trenucima neverovatna, ali nimalo lažna.

Kad se nekoliko dana kasnije, tokom kojih je bila prinuđena da opet rinta, duboko u noć, kao prevodilac na promašenom skupu o slobodi informisanja, setila tajne povesti, pomisli da bi to mogao biti znamen. I baci se na studiranje Fridriha Ničea, vođena u njegovom lavirintu žudnjom da nađe rešenje bez kojeg joj nema života. Žudnja je, kako će se pokazati, varljiva vodilja kad je nekom, pošto je već odustao od obećavajuće sudbine donje Rozite, dogorelo do nokata. Ipak, za Ružu koja je jednom bila ili mogla biti smrtonosna Rozita, žena-vatra, pred kojom je drhtala četvrtina podzemnog sveta, panika je bila nešto iza sveta.

Zna li on išta o tom Ničeu? Smesta ćemo da proverimo. Tako je govorila u sebi, ulazeći u dugmetarnicu. Snishodljivo je odgovarao na njena pitanja. Ona nikad nije imala vremena. I zato je u svemu bila brza.

Njeno pitanje je otresito: otkud dugmad i Niče, čiode i nemački filozof?

„Pa, ako već postoji veza s kišobranom...", započinje on razmatranje izokola.

„Kakav crni kišobran", uskliknula je. „Pitam jasno", plahovito odseca Ruža.

„Pa jest, kišobran, ali ne crni, nego za sunce..."

„Suncobran?"

Ovaj razgovor nikud ne vodi, i ona prekida brkatog prodavca dugmadi, preporučujući mu da povede računa o svojim dugim obrvama ispod kojih gotovo ludački blistaju oči. Neka ih češlja, neka ih potkresuje makazicama, i neka joj pozajmi knjige, a ona će već sama da zaviri u njih i neposredno sazna šta to govori Niče, zašto je po njemu hrišćanstvo laž, a istina skrivena iza stotinu velova.

„Zaboravili ste dugmad", dovikuje za njom ovaj nespretni Niče iz Mileševske ulice, kako smo svi zvali Vladu Dugmeta.

„Da, a ti si zaboravio kišobran", rekla je prkosno, a da se nije ni osvrnula.

Pre nego što će uroniti u Ničeova dela, u potrazi za rešenjem, ispunila je još jedan prevodilački zadatak. Krv, svuda krv, samo krv. Čak i oni, davno pokopani, kupaju se u krvi. Groblje je jedno od boljih mesta za skrivanje. Ko bi još tražio mrtve na groblju? Tamo su ionako već mrtvi. Žrtve su jednostavno sakrivene među mrtve. Ima li tajnijeg mesta? Grobovi su otvoreni, prošireni, produbljeni, da bi prostor bio iskorišćen ekonomično, i u tako utrostručene grobnice ubačene pobijene žrtve u šestostrukom broju. Ispod davno sahranjenih, kao da je načinjeno duplo dno, i tu su novi mrtvaci, bez identiteta. Ekshumacija. Ruža prevodi za Komisiju za identifikaciju koja je izišla na groblje, na lice mesta. Šta ima tu da se prevodi! Opis truleži i sakaćenja, i razbijenih lobanja, popis kostiju, odevnih predmeta, uzorci tkiva i osušenih krvnih mrlja za analizu DNK... Zarđale žice oko vratnih kostiju, zarđale žice oko ručnih zglavaka. Dobro, bar je tamo negde čeka Niče, za koga se vreme večno ponavlja. Drugog dana su izloženi ostaci. Dovedeni srodnici da bi možda prepoznali srodnike, nestale, kidnapovane. Ova groblja su prirodna mesta, Predsednik joj daje mig da to ne prevodi, kao i one hladnjače za meso nakrcane leševima, jer i to je meso, zar ne? Ruža proba da prevede reči u ćutanje, a potom ćutanje u reči, ali se odjednom ne snalazi: zaglavio joj se jezik, kao da ga je progutala. Ne, ne može biti, hoće da zavapi, ne može biti, njeno iskustvo je jednostrano, jezik je nju uvek gutao, a ne ovako, obrnuto. Oseća se obrukanom. Pravila jezika su pravila uma, ponavlja ona u sebi, pravila jezika su hrišćanska. To je već, letimice listajući, pročitala kod Ničea. Pravila jezika su prepreke na putu do istine. Bude li išla tim putem, bolje odmah da vrati knjige i digne ruke od Ničea. Nema kraja na tom putu. Ona hoće činjenice, hoće život.

Nema šta da traži, sve je već izgubljeno, i ona pakuje knjige u kutije za cipele. Nema dovoljno mesta, kutije su bez duplog dna, i jedna od knjiga je višak. Poneće je, tako golu, u rukama. Otvara je poslednji put, i odjednom – činjenica, život! Fotografisana pisaća mašina. Ruža zabezeknuto gleda u prvu mehaničku pisaću mašinu na svetu. Slika prve mašine koju je koristio neki pisac u istoriji. Eto, to je filozofija, i ceo taj dan do sutona, i celu tu noć do osvita, Ruža je provela istražujući jedinstvenu pisaću mašinu nalik velikom ježu na čijim bodljama su slova. Dok ga kucate, svako slovo vas ubode, i sve što napišete biva vam upisano na vršcima prstiju, na istom mestu odakle je i poteklo. Kopija i original svakog zapisa, kao i u slučaju groblja, samo je duplo dno smrti. Dan i noć rasklapala je mašinu. Bilo bi bolje da se ova nalazila pred njom, na stolu, opipljiva, ali i ovako, dozivajući je iz prošlosti, s fotografije mutno reprodukovane na papiru, sastavljajući je iz uzgrednih napomena i nejasnih aluzija koje je filozof rasuo u svojim zapisima, aforizmima, pismima, nešto je postigla. Nije to bilo mnogo, ali pozivalo je na još. Proučavala je njene mehaničke principe, ocenjivala njene fizičke mere i ulagala sve svoje snage da je prati u stopu putem kojim je sudbina vodila mašinu po Evropi. Ružini prvi i nesigurni koraci nisu urodili nekim velikim saznanjem. Izlistala je sve knjige koje su joj bile dostupne i pretražila znatan broj svakojakih baza podataka na Mreži, ali ono što je sabrala o pisaćoj mašini bilo joj je nedovoljno i suštinski oskudno. Zbog toga njena uzbuđenost izazvana otkrićem nije uminula. Jednostavno je zaključila da mora dalje.

Moram dalje, misli Ruža, ali možda suviše žurim, nestrpljiva sam, i to mi neće dati da sačekam istinu kad iskrsne iza stotinu velova. Moram da se okupam, znoj me je probio od svega što sam videla, naročito ono strašno, ono iskopavanje mrtvaca i registrovanje pobijenih. Košulja mi je u znoju i od mašine koja je možda sarađivala s Ničeom, ali na mene se još nije navikla. Ruža se okupala i oprala kosu. Gladna je, i pripremila je sebi supu minestrone i gljive bukovače u sosu od crnog pasulja. Dok jede jabuku, shvata da Niče, osetljiv na klimu, tu zimu provodi u Đenovi i da petsto franaka, koliko košta mašina, nije malo, nema on tih para u džepu. Ruža je podrignula i svlači gaćice do kolena. Lastiš je prilično oslabio, trebalo bi da obnovi donji veš. Razmišlja o tangama. Crnim. Niče je sve slepiji i mašina o kojoj je letos čitao da je pre desetak godina otkrivena u Kopenhagenu, bila bi mu dragocena. *Komercijalni uspeh u Evropi, nekoliko nagrada za patent!* Puna mu je glava misli, neke su očajne, neke moćne i rušilačke, i kako sad da ih prenese na papir kad su mu džepovi prazni, a mašine nema: ukratko, mašina mu je neophodna. Dok mokri, miluje se po golom stomaku, tako izražava samilost prema sopstvenoj bešici, Ruža, uvek dosetljiva. Odjednom, nema papira, treba kupiti i papir, da bude mek i namirisan, pa naposletku dohvati pramen vate i obrisa poslednje kapljice. Sad sam spremna, kaže u sebi Ruža, sad znam, čak i ako ga nisam videla, to pismo, on ga je poslao majci i sestri. Pisao je izumitelju mašine, nekom Dancu, i dobio obaveštenje. Od tada mu se po glavi neprestano, mesecima, mota da pošto-poto nabavi mašinu. *Pisaća kugla*, to je mašina, tako ističe u odgovoru, danski pastor, direktor Instituta za gluvoneme, *košta 500 franaka, i to je po prijateljskoj ceni, za vas*, naglašava izumitelj, pastor Hans Razmus Johan Maling-Hansen. *Prijateljska cena, zum Freundespreis!* Šta pod tim misli danski pastor? Niče je proklet, to zna već cela Evropa. Hrišćanska crkva ga ima na zubu. Pastoru je pružena prilika i on je spreman da pomogne i crnom đavolu, ali za gotovo udvostručeni iznos. *Prijateljska cena!* Trebalo je pisaću kuglu pokloniti Ničeu. On ju je proslavio. Nedavno je na aukciji u Kelnu, baš zbog Ničea, ista takva, još u radnom stanju, prodata za 84 000 američkih dolara.

Majka i sestra se u Naumburgu pitaju šta da učine. Savetuju se svake večeri i konačno je odluka pala: Franciska i Elizabeta odlučuju da za voljenog Frica, sina i brata, kupe tu stvar od petsto franaka, kao božićni poklon. Ako ga oči izdaju, njegovo filozofsko pozvanje ne sme da trpi. Hoće mehanizaciju, imaće mehanizaciju. Pisaća kugla, obezbeđena, lepo spakovana, stiže iz Kopenhagena u Naumburg 1882. godine, tokom januara. Pre nego što će je po Paulu Reu poslati u Đenovu, Lizbeta hoće da vidi tu stvar od petsto franaka. Majka ne dopušta, boji se da li će umeti da je ponovo zapakuju. Lizbeta je odlučna ženska i bilo je po njenoj volji. Oči su joj ispale: *oh, pa to je šivaća mašina!* Ona želi šivaću mašinu koja je otkrivena takoreći kad i pisaća kugla. Kućna tehnologija polazi u osvajanje sveta. Planetarna tehnika u službi novih puteva demokratije. Svetski bum. U isto vreme, pisaće mašine, šivaće mašine, bicikli, rolšue. To je filozofska revolucija u životu; noge i ruke poprimaju novi smisao. Šta na to kaže Niče, pita se Ruža, osećajući da joj je hladno na grudima, i oblači vuneni džemper, nekadašnji dar od oca. „Juče je došao doktor Re... Pisaća mašina (stvar od 500 franaka) je ovde, ali sa oštećenjem izazvanim na putu: možda će opet morati u Kopenhagen, na popravak; danas ću o tome da odlučim kad odem kod prvog ovdašnjeg mehaničara", piše Niče, 5. februara, svom sekretaru u Veneciju. Mašina je teško oštećena. Franciski i Elizabeti piše pet dana kasnije: „Oko pisaće mašine još nikakve odluke; evo već nedelju dana kako na njoj radi izuzetno spretan mehaničar. Sutra bi trebalo da je 'gotova'. Nadajmo se najboljem." Sutradan, zaista, na poštanskoj karti, majci i sestri: „Ura! Mašina je upravo unesena u moj stan. Radi savršeno. – Još ne znam koliko je koštao popravak. Prijatelj R neće da mi kaže."

Ura, raspisao se Niče na mašini. Prijatelj Paul Re piše Ničeovoj sestri da njen brat stalno koristi pisaću mašinu, mada mu kucanje naslepo još pričinjava izvesne teškoće. Filozof uvežbava slepo kucanje, vežba daktilografski prstomet, piše šaljive pesmice. Svima kojima piše, ponosno piše na mašini. Piše majci i sestri, piše Peteru Gastu u Veneciju, Francu Overbeku u Bazel, Gustavu Krugu u Keln, Elizi Finke u Baltimor, Malvidi fon Majzenbug u Rim, Paulu Reu u Rim... U zaletu, piše i svoju filozofiju na mašini. Priznaje da pisaća mašina sarađuje s njegovim mislima i, istovremeno, da nema pisanja zamornijeg od pisaće mašine. Gotovo je slep, pa i nema druge mogućnosti. U međuvremenu je mašina ponovo bila na popravci. Postala je deo njegovog tela, i kad je ona pokvarena – dobija napade i bljuje neverovatnu količinu žuči. To pobuđuje, piše, njegovu znatiželju. U berlinskim novinama je objavljena reportaža o njegovom životu u Đenovi, a nije zaboravljena ni mašina. On u tome uživa. U mašinu se konačno nastanio duh. Delikatna je kao kučence i iziskuje mnogo nege i održavanja. Zamorna je, ali je Niče s njom sve umešniji. I usamljeniji? Pošto ima mašinu za pisanje, sad bi njegovi prijatelji trebalo da otkriju i mašinu za čitanje, „inače će pisac kasniti za sobom, neće moći da se dovoljno nahrani u duhu".

Aha, šta bi to on još hteo? Isto što i ja, zaključuje Ruža. Ako mu već ne nađu i mašinu za čitanje, potreban mu je neko mlađi u blizini, inteligentan i dovoljno obavešten da bi mogao s njim da radi. Ima mašinu, prvi filozof i pisac na svetu s mašinom, i hoće, razumljivo, još jednu. U tom smislu, dolazi u obzir i brak vremenski ograničen, recimo na dve godine, pri čemu, svakako, u tom slučaju, moraju biti razmotreni i drugi uslovi. Prijatelji, evo, nisu bili lenji. Rade na ispunjenju njegove želje. A ko radi na meni, misli Ruža. Niko. Uvek moram sve sama. Malvida fon Majzenbug je pronašla neku mladu Ruskinju, i uverava Ničea da je u pitanju prava osoba, a tom uveravanju se pridružuje i prijatelj Re. Filozof kuca na svojoj mašini, velikim slovima: POZDRAVITE TU RUSKINJU S MOJE STRANE, AKO TO IOLE IMA NEKOG SMISLA: ŽUDIM ZA TOM FELOM DUŠA. I tako dalje. Njegovi planovi su dalekosežni i računa unapred na deset godina. Prema onome što još hoće da uradi za života, deset godina je minimum minimuma, i za to mu je Ruskinja neophodna. Ali, ako je u pitanju brak, i dalje ne može da obeća duže od dve godine, a i to samo s obzirom na njegov desetogodišnji radni raspored. Manje ili više, na tom mestu mu je vrpca na pisaćoj mašini pukla. Na poziv kreće u Rim da se lično uveri u Ruskinjine kvalitete. Pre toga putuje u Mesinu. Bez mašine! Mašina je opet u haosu. I ja sam u haosu, viče Ruža usred noći, u sobici u kojoj je samovala na tragu mašine. Naravno, u Rimu ga svi željno čekaju. Kad je upoznao Lujzu fon Salome, fatalnu „Ruskinju", shvatio je da je spreman i na bračnu žrtvu dužu od dve godine. Na Trgu Venecija u Rimu, na mestu gde će dvetri godine kasnije, posle njihovog fatalnog susreta, biti podignut divovski spomenik, sa stubovima od mermera iz Breše, upravo Pisaćoj mašini i Svadbenom kolaču, ukratko *Ujedinjenju,* Niče poverava Lujzi svoj najnoviji uvid: *Ogromno očekivanje u pogledu polne ljubavi ženama kvari oči za sve daljnje perspektive.* To je vrhunska zavodnička misao. Posle nje, sparivanje pisaće mašine i ženske mašine nije više išlo. Prvu je bacio u haos, a onda i drugu. Tu se našao prijatelj Re. Prvu je doneo, drugu je, šta će, odneo, tobože protiv volje, da joj popravi oči. To je pitanje stila. Niče je očajan, sam na ledini, zaključuje: ta gospođica je lujka koja bi rado uzela moju glavu na pladnju kao zalog. Šta će, kud će, teše ga prijatelji, brinu za njega, savetuju ga, on im zahvaljuje s Ligurske obale, iz Santa Margarite, nadomak Đenovi, i puknuvši, kucka na svojoj, ponovo nađenoj i popravljenoj, vernoj mašini, neuporedivo delo *Tako je govorio Zaratustra.*

Ruža nikako da prestane. Hoće da ustane, onda ponovo sedne. Svanulo je. Pomišlja na svoj problem, na svoje želje. Danas će da ode kod onog blesana u dugmetarnicu. Ni ona nije postala ništa pametnija, kao ni Niče koji objašnjava svima koji ga slušaju da se ne čude. „Nisam postao pametniji. Ogromna *napetost*, kojom sam poslednjih 10 godina nadilazio bol i odricanje..." I to on, čudi se Ruža u trenutku sopstvenog prosvetljenja, koji je bio hiljadustruki umetnik samonadilaženja. „ ... sveti se u okolnostima poput ovih;

otuda sam se pretvorio u *mašinu*, a nije mala opasnost da pri tako naglim pokretima opruga pukne." Jasno, to je još jedan znak da je pisaća mašina ponovo pukla, a filozof se pretvorio u mašinu. Nema sumnje, duh boravi u mašini. To je avet za koju mi neko namiguje da je ne prevodim. Tačno, što se tiče pisaće mašine, Niče ne čuje njene klikove. Ionako ga je to mučilo. Bljuvao je žuč. Zaljubio se u papirna vlakna po kojima preko mastiljave vrpce lupaju olovna slova, i tako do bola. Skida papir s poluvaljka mašine i ljubi ga, moli ga za oproštaj. Veseo je i tužan. Sve je to privremeno, pa i najnovija nemoć mašine od koje je papir odahnuo. Ali, ne i Niče koji sebe, u tom času, vidi kao slab karakter. I on gubi svoju moć, kao i sve ono što ljudi slabog karaktera izvesno vreme drže u svojim rukama, bilo da su to mašine ili problemi ili Lujze. „Ali, moj ovdašnji lekar koji me je izlečio od gripe nalik malariji, učinio je sebi zadovoljstvo da mašinu ponese kući i izleči je; i stvarno, nedavno mi je *on* pokazao stih koji je uspeo da otkuca i koji glasi: *Pisaća kugla je stvar od železa poput mene.*" Mašinopisac je izlečen. Zar da železo postane ilovača od koje se prave poprsja? „Kakva zamisao?" čudi se Niče. „*Što me većma budu zaboravili*, bolje će ići mome sinu po imenu Zaratustra."

Ruža mora dalje. Ne zaboravlja, ali mora dalje, do kraja pruge. Napaljena svojim grčevitim istraživanjem o povesti pisaće mašine, neophodan joj je hladan tuš. Za to će joj najbolje poslužiti onaj takozvani Niče iz Mileševske ulice s kojim je i počela mašinska priča. Taj bi je ohladio, ma imala i malarijsku groznicu. Njen problem još nije rešen. Jutro je, probdela je noć, nema prevodilačkih poslova za taj dan i, pre nego što krene u dugmetarnicu da vrati pozajmljene knjige, ispružila se na postelji. U san joj navreše slike iz detinjstva. Otac i ona sa sestrom. U nekoj vukojebini. I danas je, posle dve decenije, zaprepašćena da je u tom kraju uopšte postojala ikakva železnička mreža.

Otac i njih dve žive sami na železničkoj stanici. Nemamo mnogo posla, ali posao radimo po propisima. Održavamo stanicu. Čistimo je, popravljamo krov u proleće, krečimo njene zidove belom i žutom bojom. Mala čekaonica je uvek u redu, zimi zagrejana, leti provetravana. Uvek je spremna za putnike. Šalter za prodaju voznih karata je takođe uvek u redu, uvek otvoren, i ako bi se pojavio neki putnik, otac ili nas dve bismo za tili čas bili kod šaltera, iza okna, sa osmehom spremni da uslužimo putnika. Peron i jedina klupa na njemu podjednako su u redu, uvek u besprekornom redu. Nikad ne biste mogli da iznesete nijednu zamerku. Baš smo nas dve zadužene za peron i na njemu nećete naći nijedan opušak. Zbog stanja perona otac nas svakog dana pohvaljuje. Vodimo računa i o dva koloseka. Čupamo korov između šina. Podmazujemo skretnicu. Proveravamo signale na oba kraja stanice. Brinemo o vozovima koji prolaze. To su brzi vozovi. Ali, prolaze i teretni vozovi. Otac je šef stanice. On je i otpravnik vozova. Ima crvenu službenu kapu sa štitnikom. Kad je gologlav, onda je šef stanice. Kad stavi kapu na glavu, onda je otpravnik. On je takođe prodavac karata, telegrafista, skretničar. U stvari, on je zapravo sve na stanici, a mi smo mu u svemu glavne pomoćnice.

Osim nas na stanici nikog nema. Nikad nikog. Nema putnika. Najbliže naseljeno mesto je udaljeno trideset i tri kilometra. Nekad je ova stanica služila kao jedini izlaz u svet za priličan broj duša, najmanje hiljadu, kaže otac. Selo je bilo u dolini, dva kilometra od stanice. Onda je, upravo kad smo se mi rodile, zbog podizanja hidrocentrale, selo poplavljeno i stvoreno veliko veštačko jezero. Samo je železnička stanica ostala. Majka nije htela ni trenutka da ostane duže u ovoj pustinji i otišla je sa ostalim stanovnicima, kaže otac. On tako kaže, ali ja baš u to ne verujem. „Znaš, dušo", otac nam se uvek obraćao kao jednoj jedinoj, „to je prirodno da ljudi ne žele da žive tamo gde nema nikog. Samo najčvršći odolevaju, a ti i ja smo najčvršći." Ako nešto izgleda kao istinito, ipak ne mora biti istinito, misli Ruža, budeći se i ponovo uranjajući u san. Kako god bilo, železnička uprava nije htela da ukine očevu stanicu, jer je naš krak pruge još bio aktivan. On je služio kao rezerva kad, usled velikih smetova ili gustog saobraćaja ili čak nesreće, dođe do izvesnog zastoja negde tamo kuda vozovi prolaze prema moru ili od mora. Onda se kompozicije preusmeravaju ovuda. To se ne dešava često. Zato vozovi prolaze kroz našu stanicu najviše dvaput mesečno. Kad sprovodnik kompozicije ima nešto za nas, neku pisanu naredbu ili očevu platu ili tako nešto, onda mašinovođa usporava lokomotivu. Sprovodnik, dovikujući nam pozdrav „hej, vi tamo, pustinjaci, jeste li živi", baca pošiljku na peron.

Ako se dogodi da otac ima nešto za železničku upravu, neku molbu ili izveštaj, ili spisak potrepština, kačimo crvenu maramu na ulazni signal, pa mašinovođa opet usporava kod stanične kuće tako da sprovodnik može da iz očevih ruku preuzme omotnicu. Za nas dve je uvek veliki dan kad voz prolazi kroz našu stanicu. To je kao da nepoznati život prolazi pored nas, mada otac neprestano ponavlja da je život tamo gde jesmo, a ne drugde. U pravu je, ali opet: divno je gledati kako vozovi prolaze i odlaze drugde. Razume se, nismo propuštale ni noćne kompozicije. Sa ocem smo ostajale budne celu noć. Još dugo pošto bi voz prohuktao i provarničio kroz stanicu sedele smo uvijene u ćebe na peronskoj klupi i sanjarile. Mogla je biti i zima, nismo marile. Kad su vejavice i mećave, morale smo da čekamo nedeljama bez ijednog voza, sve dok nevreme ne prođe i sneg s južnim vetrom od mora počne da kopni. Čak i tad smo molile oca, uzalud, da raščišćavamo zavejanu prugu. „Umesto tog, hajde ti, dušo, razgrni stazu do kokošarnika i pogledaj da nam se kokoške nisu posmrzavale", rekao bi otac ili nam dao sličan nalog. Prošlog leta smo se naročito zbližile s jednim petlom graoranom. Kud bismo mi išle, išao bi s nama graoran. Pratio nas je i kad smo pošle odvojkom pruge, izvan staničnog atara, da konačno ustanovimo kuda vode te šine. Ne sećam se da je tim odvojkom ikad prošao ma i jedan vagon. Da li se ona seća? Bio je to takoreći treći kolosek. Otac ga je nazivao slepa pruga. Skretnica nikad nije prebacivana na njega. Na izmaku leta, tom „slepom prugom" kretosmo graoran i nas dve da, uprkos očeve zabrane, izvidimo kuda ona vodi. Išli smo utroje prugom koja se najpre penjala, pa spuštala. Skakale smo s praga na prag, a petao se probijao kroz travuljinu kojom je pruga bila obrasla. Skakućemo uz bezrazložan smeh, graoran za nama. Počele smo i da se plašimo, iako nećemo da to pokažemo. Odjednom nam se učinilo da ta pruga vodi u svet koji ne postoji i, ako ikad stignemo do kraja pruge, da se nikad nećemo vratiti na stanicu. Išle smo satima. Triput smo zastale da predahnemo. Graoran je kljuckao okolo. Sunce je zašlo. Htedosmo da se vratimo kad iziđe Mesec. Jedna od nas, međutim, odbila je i produžili smo. Zarekle smo se da nećemo odustati pa ma kuda pruga vodila. Nikad to ne saznadosmo. Jedna od nas, koja je izgubila živce, predloži da se ipak vratimo. Graoran se nije izjašnjavao. Ostao je negde iza nas.

Na povratku, naišle smo na petla. Šćućurio se uz šinu i spavao. Uzele smo graorana u naručje i tako smo išle uz noćne šumove. Iznenada čusmo korake kako nam se približavaju. Srca nam se umalo nisu raspukla, a graoran je i dalje spavao u našem naručju. Koraci. Onda, glas. Očev glas koji je dozivao. Otac je pošao za nama. Pošto je pažljivo pretražio okolinu stanice, tačno je pretpostavio da smo krenule slepom prugom. Kad smo se sreli, nije rekao ni reč. Samo se okrenuo i pošao prema stanici, a nas dve s graoranom za njim.

U svom snu, Ruža još jednom vide prugu, vide da vodi u veštačko jezero, i da prugom klopara ogromna pisaća mašina s loptastom tastaturom. Iz dirki se veselo vio dim. Valjkasti deo, na koji se smeštao list papira, bio je zapravo parni kotao lokomotive. Iz pisaće mašine joj je mahnula majka jednom rukom. Drugom je obgrlila Ničea koji je pristao na brak do smrti, s tim da prvi sin koji im se bude rodio dobije ime Zaratustra, a ćerka će biti Luna Lu. Ruža je isključena s popisa imena. Aveti u mašini. Ništa drugo nego sablasti, i one su jedina pogonska snaga svake mašine, pisaće, šivaće ili lokomotivske. Načitala se, snevala, može i da umre. Biće to prvo što će joj prosvirati kroz mozak kad se trgla i sela u postelji. Brzo je savladala pištanje, zviždanje i pucketanje koje je, gle, htelo da se nastavi i preko granica sna. Nema vremena za oklevanje, rekla je i počela da se šminka. Napravila je mladež uz drugo oko, tako da joj lice dođe simetrično. Pravac kod našeg uličnog Ničea. Prodavnica mora biti već otvorena.

Nije bila. Na vratima dugmetarnice, ispisan papir *Vraćam se odmah*. Ruža je odšetala niz ulicu. Vratila se. Nikakvih promena. Papir *Vraćam se odmah*. Odšetala je uz ulicu. Vratila se. Opet papir *Do sutra zatvoreno*. Trebalo bi ga ubiti, rekla je glasno i kvrcnula prstima po oknu izloga. Onda je prislonila lice uz staklo i pažljivo razgledala unutrašnjost prodavnice. Učini joj se da je neko unutra. Lupnu o staklo. Ništa. Blesan, trebalo bi ga ubiti, avetinja, šta on zna o Ničeu i duhu u mašini! Lupnu još jednom, bešnje, po staklu i ode. Dok se vraćala kući, s knjigom pod pazuhom i sa ostalim knjigama u dve uvezane kartonske kutije za cipele, razmišljala je o tome da melanholija mora biti nešto tvrdo. To je i osećala, potrebu za nečim tvrdim i sigurnim. Morala bi to svakog jutra da dobije kao lek.

Prošlo je već godinu dana otkako se Vlada Dugme vratio. Pod nadimkom Niče iz Mileševske, kako smo ga svi zvali, bio je to neki već drugi čovek. Ništa slabije od Ruže, njihove majke, nije vodio računa o blizankama. Pa i šangajke su prestale da ga zapitkuju o iščezloj majci. Laknulo mu je zbog toga. Nije morao više da ih obmanjuje. Pitanje je koliko bi još izdržao da im ne kaže da je Ruža otišla na smrt bolesna, i da je on, zapravo njihov otac, bio njeno neočekivano rešenje. Ali, ona je bila i njegovo rešenje. Kao po nepisanom ugovoru, njih dvoje su razmenili svoje probleme. On je preuzeo staranje nad ćerkama i ispričao joj u kakvim se govnima našao u Argentini. U početku ga je ćutke slušala, a onda se naglo zainteresovala. Tražila je sve moguće podatke o poslovima i mreži, tražila je imena ljudi. O svemu i svakom joj je potanko izneo sve što je znao. Govorio joj je i o načinima kako se dati podaci mogu najbolje iskoristiti. Ništa nije zapisivala, samo je pamtila. Shvatila je da rešenje s Dugmetom ne može biti pouzdano dokle god ga jure zbog tolikih prevara i izdaja. Nije videla drugu mogućnost nego da uloži svoj život, ionako osuđen u njenoj krvi na brzi kraj. Tek tad će blizanke biti istinski zbrinute. Ne bi Dugme bio ono što je bio, a da to i sam nije smesta razumeo. Međutim, nije pokazivao da razume. Otišla je. Ništa više nije čuo o njoj, niti je želeo da čuje. Ali se nadao najboljem. Upravo ta nada u najbolje, kad se već smirio u Sojkinoj dugmetarnici, i bacila ga je u Ničeovo naručje. Neko ko zastupa večno vraćanje istog, da, istog, ali uvek s razlikom, morao je da bude neko ko se nada najboljem. Kao mahnit je Dugme proučavao Ničea, i tako postajao Niče iz Mileševske, Mileševski Niče Mileševac. Pustio je i brke. Kosmate obrve nije potkresivao. Pojavili su mu se i zalisci. Čak je poverovao da kod sebe opaža i prve znake slabovidosti. Kad bi se izjutra oglednuo u ogledalu, mogao je mirne duše za sebe da kaže da je pljunuti Niče. I bio je pljunuti Niče, i više od toga. Dok su šangajke bile u školi ili sa Sojkom, on je za tezgom u prodavnici izučavao Ničeova dela. Mušterije su bile retke, i nisu ga ometale. Uveče, kad bi ćerke već bile u postelji, usnule, predavao se ispisivanju beskrajnih komentara uz sve što je pročitao i što je takoreći znao već napamet. Bila je to kao Biblija, a on skromni komentator svetih spisa. Naravno, i šangajke, kojima nikad nije rečeno da im je on otac, zvale su njegovu majku, kao i ostali iz ulice, tetka Sojka, a njega – teča Niče.

Posao s dugmadima, čiodama, iglama, vunicom, bilo je tu ponekad i čipkanih karnera, nije baš cvetao u to vreme, i teči Ničeu nije bilo lako da prehrani tolika usta. U popodnevnim satima počeo je na Bulevaru Revolucije da preprodaje švercovane i krivotvorene cigarete. Domogao se i ulične tezge na kojoj je bilo razne robe, od ženskog veša iz Kine do čarapa iz Turske i igračaka, opet iz Kine. Mogli ste, u stvari, šta god hoćete da potražite od njega, i on bi to sutra već imao. Papirne kese za usisivače? Naravno. Sapuni od najbolje vrste? Naravno. Lažnjaci. Sve je ionako bilo lažno, pa i sam Vlada Dugme, koga smo svi sad zvali Niče iz Mileševske, samo kad bi se setio ko je i šta je bio u svetu. Njegov mig vredeo je ljudski život. Njegov uzdah, milion dolara. Don Romero. A sad, gledajte ga, ulični preprodavac. Pa šta, rekao bi on, ali njemu nije ni padalo na um da se ičega seća iz svog svetskog života. Naprotiv, želeo je da i drugi i on sam taj život što većma zaboravi. Hteo je da istinski bude zaboravljen, i zaštićen u tom zaboravu, na poslednjem mestu on, a pre svega šangajke i Sojka. Skrivao je i da govori ruski, engleski, španski jezik kao od šale, i nemački. Jednog dana se zabrinuo kad mu je u dugmetarnicu rupio neki krele koji mu se učinio poznat. Krele je bahato ušao, pogledao ga, zinuo i pokunjeno brzo izišao. Na taj slučaj je već i zaboravio. Više ga je brinulo kad se u prodavnici onomad pojavila ludača koju na trenutak nije prepoznao. Bilo je to boktepita kad. Ruža mu je pokazala devojku koja je bila maltene ista Ruža. Čak je imala i mladež kod oka, neki nasledni znak, kao Ruža, kao i šangajke. „Moja sestra. Blizanka. Od smrti oca ne govorimo." Podigao je obrvu, pogledao je tu sestru, koja ih nije primetila u pretrpanoj i polumračnoj bilijarskoj sali, i ništa nije rekao. Namršteno je pogledao u Ružu, i ništa nije rekao. Takav je bio Vlada Dugme, koga sad svi zovemo samo *Niče iz Mileševske* ili *Niče Mileševski* ili *Niče Mileševac*. Nikad ništa ne kaže, samo uradi. Upala ludača i pravo u čelo: pita ga za Ničea. Nije on više ni Vlada Dugme ni don Romero. Otkriva da ume da bude i zbunjen. Tuc-muc, Niče ovo, Niče ono. Pita ona za čiode. On još sav u Ničeu, kao najbolje rešenje navodi filozofa: *Zaboravio sam kišobran*. Kišobran, suncobran, ko zna šta je rekao. Odahnuo je kad mu je zatražila knjige na pozajmicu. Nikom to blago ne bi dao, ali kako da odbije ovu luckastu Ružinu sestru? Kao da je sama Ruža pred njim. Još su prilično slične uprkos crvotočini vremena koje ne mari za naše istovetnosti i razlike, za naše filozofske koncepcije o večnom vraćanju, nego radi svoj posao. Vlada Dugme, koga svi zovemo *Niče iz Mileševske*, naprosto ne može da veruje šta čini. I niko ko ga zna, ne bi u to poverovao. Daje što je od njega traženo. A ludača ga, dok odlazi, još psuje. Da ne poveruje.

Uveče, Sojka, nepodnošljivo brižna, primećuje da njen Vlada, koga i ona već naziva *moj Niče,* nije u najboljem raspoloženju. Ne ume baš, ali te večeri ona je, sa strogim izrazom na licu, preslišala šangajke o školskim zadacima. Nije ih uopšte ni razumela o čemu su joj pričale. Dala im je večeru. Jetrena pašteta na kriškama hleba i po šolju jogurta. Pobrinula se da operu zube, kao da nisu već odrasle. „Prave ste lepotice", šuška im Sojka. Crvenokose devojčice se samo smeju. Sve im je uvek urnebes. Sojka ih konačno otera u krevet, čak im nije dopustila da gledaju televizijski film. Sad joj je njen Vlada, koga zove *moj Niče,* na redu. On puši, zamišljen. A da se njih dvoje porvaju, izaziva ga Sojka, kao nekad. Dobra je ona rvačica. Niče iz Mileševske se smeška. Kravi se. Učila je rvanje od svog oca, a ovaj je učio od svog. Kao mala, koliko puta je gledala kako joj se otac rve s dedom. Deda, star, nije bio mačji kašalj. Otac se, ipak, prenemagao, dopuštajući dedi da ga sruši. Deda je u mladosti video sveta, pa se valjda i Vlada, *njen Niče,* umetnuo na njega. U svetu je, priča sinu

Sojka ono što je čula od oca koji je to čuo od svog oca, deda stekao svakojaka znanja. Samo da znaš, kaže Sojka, nisi ti u našoj porodici prvo *intelegentno* biće, s belosvetskim iskustvom.

Vlada, koga zovemo Niče iz Mileševske, malo sluša Sojku, malo je ne sluša. Vidi ona to, ali ne haje, priča joj se, došlo je i njenih pet minuta. Važno je da pokušava.

Moj otac je najmlađi od četvoro dece, tri brata i sestra. Kad se rodio, otac mu je već imao četrdeset godina. Taj moj deda bio je rođena skitnica. Od kuće je otišao na zanat i, odjednom, više se nije znalo za njega, kao ono za tebe, ili sad za našu slatku Ružu. Nije ga bilo petnaest godina. Pre nego što je otišao, govorio je ne daj, Bože, da budem duže u ovom prokletom mestu. Dovoljno je što si odlučio da budem rođen u njemu, nemoj i da umrem. Majstorisanje mu je bila strast. Rođena skitnica, ali i rođen da majstoriše i pronalazi stvari. Kad se vratio, vratio se, naravski, govorio je hrpu jezika. I mene je učio. Zato i znam mnogo ciganski. Govorio je, osim ciganskog, nemački, mađarski, šta ti ja znam, pomalo i italijanski ili francuski. U stvari, ne vidim zašto bi to danas trebalo kriti, posebno ja, posebno tebi: bez obzira na očevo i dedino rvanje, koje sam možda umislila, dedu su, oronulog i prestarelog, izbegavali i da spominju. Pretvoren je u sablast, kao da ne postoji. Svi su gledali, mislim baba i četvoro dece, da ga nekako prebole, kao kad kažemo da je neko preboleo bolest. Deda je, potkraj svog života, bezmalo upropastio porodicu. Nekad neuporedivi pronalazač, legendarni mehaničar, razočaran, zarađivao je hleb fijakerišući. Pri tom, ništa nije davao porodici, tako da su ostali morali da se za sebe snalaze za život. Osamdesetogodišnji starac, još bistrog uma i živahan, vozio je nakićeni i blistavi fijaker, sa uvek besprekorno otimarenim konjem, i zbog svog poznavanja jezika bio omiljen među okupacionom gospodom. Da, to je vreme okupirane zemlje. Onda se deda još više razočarao, propio se i vazdan sedeo u kafani „Mali Dunav". Ne znaš tu kafanu. Davno je srušena. Deda se kartao i pio, i dovodio kući neznance, pokupljene u kafani ili na ulici, te im budzašto prodavao sve što se moglo naći vrednije u kući. Njegovoj ludosti i nostalgiji za danima kada je u mladosti bio nenadmašni majstor kao da nije bilo konca. Kad sam se ja rodila, uzimao bi me u ruke, kazivao mi je otac, i pokazivao mi svakojake stvarčice, kako se na uzici vezuju čvorovi, kako se udara čekićem, kako nožem delje drvo i premeravaju predmeti. Držao me je u naručju i prstiće mi gurao u razvodne kutije za struju, tek da nešto blagovremeno naučim. Sevnula je plavičasta varnica kad sam zgrabila golu žicu i strujni tok proleteo kroz mene, a deda se poda mnom srušio. Izgleda da nas je baš streslo. Ja zapravo i nisam bila u nekoj naročitoj opasnosti, sem da prilikom pada slomim vratić. Što se tiče njega, i on je nekako preživeo taj udar. Ipak, dobro ga je oprljilo. Možda je, sluđen, sa mnom u rukama, izabrao taj brzi i slatki način samoubistva. Pošto, čudom, nije u tome uspeo, nego je jedino izazvao još veću uzbunu u kući i ko zna šta još, ubrzo je svoj mogući naum sproveo na uzvišeniji način, kako je već bilo uobičajeno u našim krajevima. Jednog prazničnog prepodneva, vratio se pijan posle dvodnevnog odsustvovanja. Kod kuće smo bili samo majka i ja. On se ćutke popeo na tavan iznad konjušnice i obesio konjskim amom, jednostavno se obesio o gredu. Polagano sam se, šestogodišnja devojčica, uspuzala preko merdevina, i u tavanskoj polusenci uočila tamniju senku kako se klati. Ni do tada nisam govorila, a od tada sam nastavila sa odbijanjem da progovorim. Specijalista je objasnio: „Sve je u redu s njenim aparatom. Progovoriće već kad bude htela."

Progovorila sam u desetoj godini.

Sojka pripoveda, a sin, koji ju je ionako slušao na pola uha, sluša je još manje.

Može biti da sam i ja, pripovedala je, ponela nešto pronalazačke radoznalosti od tog svog prvog učitelja o strujnoj mađiji. Znatno posle njegove smrti, na istom tavanu gde se obesio, u mraku, iza starudije, otkrila sam drveni vojnički kofer, u njemu navoštenu platnenu vreću, u njoj svežnjeve papira, ispisanog i s nacrtima, i gomilu opruga, prenosnika, vijaka, metalnih delova nepoznate namene. Naučila sam da čitam pre nego što sam progovorila. Danima sam onda krišom raščitavala tu ostavštinu za koju sam odmah naslutila da je od dede. Sve to mi je zauvek ostalo u pameti. I kad sam konačno odlučila da progovorim, čini mi se da sam najpre počela da se kod oca raspitujem o dedi.

Sojka je tu stala. Umorna sam, rekla je. Sutra ćemo nastaviti s rvanjem. Najbolji deo tek dolazi. Dedino učešće u izumu koji je preokrenuo svet. Ne shvatajući o čemu ona uopšte govori, Vlada, koji je u svim ustima postao samo *Niče iz Mileševske*, odmahnu rukom, što je moglo da znači sve, pa i „laku noć".

Prošla je cela nedelja, a onda su događaji počeli brzo da se odigravaju. Najpre, kao da je i Sojka zaboravila na svoje obećanje, i nije nastavila sa svojom pričom, a i on je u sebi smanjio doživljaj iz susreta s Ružinom sestrom bliznakinjom. Bivalo mu je svejedno hoće li ili neće vratiti knjige. Ne bi on bio Vlada Dugme zvani Niče iz Mileševske kad bi se zadovoljavao samo jednim izdanjem. Nemačke originale čuvao je kod kuće, u stanu iznad dugmetarnice. Ukratko, može i bez datih primeraka. Ali, tog dana, premda je trebalo da prepodne provede u dugmetarnici, morao je da preuzme robu koja mu je za njegovu bulevarsku trgovinu došla iz Budimpešte. Na trenutak je napustio dugmetarnicu, odvezao se biciklom po robu, i vratio se, sve za dvadesetak minuta, tek koliko bi nekom bilo potrebno da triput udari dlan o dlan, pomislio je usput. U poslednji čas. Primetio je kako Ružina sestra stiže niz ulicu. Uneo je dve dogurane kutijetine i uterao bicikl. Staru poruku na vratima zamenio je brže-bolje novom, da ga tokom dana neće biti, i zaključao se iznutra. Čuo ju je i video kako lupa po staklu. Šta bi ta ludača? Da možda ipak ne vraća knjige? Ali, nije trenutno želeo da se s njom nosi, ponajmanje da ona uoči kutije s robom, i nije joj otvorio. Istog dana, pošto su svi poslovi bili posvršavani, Sojka neočekivano nastavi sa svojom dosadnom pričom. Najpre je spomenula, kao da se moli, da će im uskoro biti bolje. Zemlja je na dnu, i gore već ne može biti. Na radiju je čula da sutra stiže delegacija argentinskih industrijalaca i finansijera. A moj deda, reče, nije mario ni za novac ni za slavu. Luda glava. Samo skitnja i majstorisanje. Eh, da je makar pisaću mašinu potentirao, ne bismo mi prodavali dugmad. Niče iz Mileševske koji se upravo bacao na svoje komentare, pogleda Sojku gotovo goropadno: „Ponovi šta si rekla!"

Pa ništa, kao poplašeno uzvrati Sojka, kažem da je pisaća mašina mogla biti naša, znaš već ono *potentiranje*. Njegov goropadni pogled preobrazio se u zabezeknutost. *Patentiranje*, protisnuo je kroz grlo, kao da ga pročišćava. Ovo bi moglo biti neko proviđenje, kad bi verovao u proviđenja, jer je to veče namenio upravo Ničeovoj pisaćoj mašini kao uvodu u pitanje tehnike i vremena. *Patentirao pisaću mašinu*, samo je to još rekao, čak i ne kao pitanje, i ništa više. Sojka onda produži.

Da, to. Potentiranje. U drvenom koferu, za koji sam ti već rekla, među metalnim delovima, svi su lepo bili složeni i uvijeni u kučinu punu ulja, videla sam, tako, neko postolje, pa poluvaljak na šinama sa zupcima, neki loptasti oblik u koji su bila uglavljena slova. Pojedina nikad ranije nisam videla. Imala su dve tačke na vrhu. Izgledalo mi je da svi ti delovi pripadaju instrumentu kojim se služi cirkuski mađioničar. Sve je to deda pokupio po svetu. Gotovo ništa nisam razumela na ispisanim i iscrtanim papirima. Planovi, da. Ali, za šta? Bilo je i pisama, na nerazumljivom jeziku.

A, papiri, na papirima, šta je pisalo, požurivao ju je Vlada, *njen* Niče iz Mileševske.

Ne bih umela više da ti kažem. I to je bilo na nerazumljivom jeziku. Tek ponešto na srpskom. Nešto mehaničko. Ne pitaj me ono što ne znam.

Pa šta onda znaš?

Deda je pobegao odavde sa zanata i otišao u Peštu, Beč i dalje. Dugo se o njemu nije znalo. Čuvao je labudove u nekom parku, brojao ih dok bi ćutke plovili po jezercetu. Može biti neki Brisel. Ni otac nije bio siguran. Kad bi mi duže govorio, pošle bi mu suze na oči i ništa više ne bih iščupala od njega. Mislio je da sam retardirana, jer u početku još nisam uvežbala da dobro govorim. Ionako je sve to bilo pre nego što se i otac rodio. Deda je čuvao labudove od dece i ostalih, da ih ne hrane nečim što labudovi ne mogu da svare. Onda je bio u Danskoj. U fabrici ili u velikoj mehaničarskoj radionici. Tamo su pravili krojačke makaze i pegle na žar. Deda je bio vešt u nameštanju i pritezanju. Napravio je onda i pisaću mašinu. Radionica se zvala, kao da se sećam, Remington.

Možda grešiš.

Možda grešim, potvrdila je Sojka.

Možda nešto sa imenom Maling-Hansen?

Da, da, ili ne, ne bih rekla, ali ko da sad bude siguran? Nisam ni mlada. Popuštam. Radionica je svakako bila poznata po makazama i peglama. Radili su i specijalne narudžbe. Sve ono što treba smisliti. Ovo je sigurno: za optičara Krala u Hamburgu pravili su žičane cvikere na sklapanje i sa izmenjivim staklima. Napravili su i sprave za fiziku, za školu.

Za fizički kabinet?

Da, uređaji za učenje, za nemačku gimnaziju u Pragu. I za topljenje gvožđa.

Metalurška peć?

Mala peć. Oni su radili male stvari, rekao je deda ocu. Za nekog lajpciškog štampara, Naumana, Nojmana, poboljšali su štamparske mašine, presvukli prese, legurisali tiglove, tako se to zvalo, uveli lenjire za sečenje hartije. Na svemu tome je radio deda. Posle je otišao u Italiju, na more, u Đenovu. Tamo je bio mehaničar. U Italiji je pravio bicikle, one najstarije, zvali su se velosipedi. Kad se ovamo vratio, imao je biciklističku uniformu. To je bilo crno odelo, po izgledu đavolsko. Svi su se osvrtali za njim. Čudo, ludak.

Ne pričaj mi svašta, uspe da izgovori Vlada Dugme koga svi zovemo Niče iz Mileševske. U Đenovu?

Nego šta, u Đenovu. Ima tu neka priča koja ni ocu nije bila jasna. Kao da je i tamo pravio pisaću mašinu za nekog. Istu kao i u Danskoj. I tamo je optužen za neku krađu. Italijani nisu bili pravedni prema njemu.

Čekaj, žuriš. Šta je s mašinom u Kopenhagenu?

A Kopenhagen! To je. Tako se zvala radionica u Danskoj.

Ma ne! Kaži samo šta pamtiš! I kad je bilo?

To već bolje pamtim. To otac nije znao. To sam mogla da pročitam u papirima. Bilo je na srpskom. Huh! Kad? Da izračunam. Otac rođen 1900! Pre njega, više od dvadeset. Može biti 1870! Ili 1875. godine, tih godina... Ali, deda s fijakerom, kad je zaratilo, imao je osamdeset, kako onda... Ne znam tačno, ali tih godina. Mašinu je zvao pisaća kugla. Došao mu je naručilac i tražio da smisli kućnu štamparsku mašinu za slepe. Pisalo je „gospodin PMH". Tom spravom se posle sat vremena učenja, moglo štampati u jednom primerku. Deda je na tome radio mesecima. Napravio je model. Novotarija. Naručilac je tu pisaću kuglu potentirao kao izum. Izum gospodina PMH! Deda onda spominje Remington, da, i zato sam ja mislila da je to radionica. Remington je takođe potentirao, ali drugačiju mašinu, bez kugle. Deda je smislio kuglu.

Možda je radio po projektu?

To ne znam, odgovori Sojka, ali je napisao da je smislio kuglu sa slovima. I imao je tu kuglu u koferu, i valjak i postolje.

Vladi koga sad svi nazivamo Niče iz Mileševske odjednom kao da je stao mozak. Sojka je nastavljala sve smirenije i nostalgičnije.

„Ne hvatam ja ideje u letu", napisao je deda. To mi se dopalo. „Ideje u letu!" Izgleda da je zatim napravio pravi ršum u radionici. Beži u besu i nosi sa sobom model. Piše da je bio besan. „Besan sam kao da hvatam ideje u letu. Iz besa počinju ratovi. Danska je trula."

Mojoj babi Smiljani doneo je šivaću mašinu. Babu još nije znao, ali kad se vratio, nju će prvu upoznati. Bila je to prva šivaća mašina kod nas. Njihova ljubav se rodila pored šivaće mašine. Na toj mašini sam i ja naučila da šijem. Na kraju je tu mašinu, bolju od svih ovih novih, električnih, tvoj otac, prokletinja, nek mu je pokojniku oprošteno, prodao na otpadu kao staro gvožđe. Ranije je u komšiluku bila otkupna stanica *Državni srpski otpad*.

Posle svega što je čuo, Vlada, poznat kao Niče iz Mileševske, nije izdržao. Svečano je ustao i, uz reči *ti si potentna, treba te potentirati*, poljubio Sojku kojoj su od tog anđeoskog poljupca još malčice porasle staračke dlačice na nausnici već nalik mladalačkim, ni prvi put obrijanim brčićima. „Kaži mi samo još jednu stvar", zamolio je majku. „Gde je taj dedin sanduk ili drveni kofer?"

„Ako nije istrulio, valjda je tamo gde je uvek i bio", odgovorila je Sojka, s nečim zagonetnim u glasu, i dodirnula čelo gde je dobila poljubac.

Ruža je besno ispustila kutije na pod. Svi je zavitlavaju. Dosta i s Ničeom. Zaslužio je da bude pokraden. Usplahirena, ni njoj nije bilo jasno na koga misli. U tom trenu je imala mistično iskustvo da je pravom Ničeu, dok je bio u Mesini i Rimu, ili u Naumburgu i Tautenburgu, iz đenovskog stana ukradena mašina. Najednom je videla spodobu u crnom kostimu kako odnosi mašinu. Fridrih Niče se iz Tautenburga vratio kao pokislo kučence. To planinsko letovanje s Ruskinjom, dokrajčilo je njegove nade. Ali, život mu je i dalje na prvom mestu. Sve, baš sve, treba *živeti*. U životu, u kojem baš sve treba živeti, barem ga nešto verno čeka. Mašina, pisaća kugla. Odmah joj je pohrlio, ali nikako da je nađe. Zar i ona da iznevri? Naprosto je nema, nestala. Zabranjeno mu je sekiranje. Zato sedne, nasloni obraz na pesnicu, i misli. Kad bismo se mi slepci i slabovidi, koji mislimo na osvit, udružili i stvorili tajni savez, i onda promišljenom, slobodnom snagom svoje koncentracije radili na volji koja vlada svetom, možda bismo mogli roditi biće drugačije od nas, možda bismo začeli novi soj na kojem bi ova mala planeta, trenutak trenutka u večnosti, opstala i bila dostojna svog munjevitog prolaznog trajanja. Želeo je on taj tajni savez *utroje*: Ruskinja Lu, prijatelj Re i on, budući otac Zaratustre. Troje u jednom, trojedinstvo, pitagorejsko prijateljstvo. Ali, nikakve koristi od istorije i razmišljanja. Naprotiv, jedino šteta, ako nešto smesta ne preduzme. S mašinom kao da mu je nestao i mozak. Odlazi u policiju i prijavljuje slučaj. Popunjava obrazac. Posle desetak dana shvata da ni od policije, kao ni od istorije i razmišljanja, nema koristi. Rešava da lično krene u potragu. I s težim problemima je izlazio na kraj. Bio se već srodio s mašinom. Naučio je da kuca na njoj bez predaha, iako ga je neprestano mučila samilost prema papiru. Mastiljava vrpca ga nije odviše brinula, utoliko pre što je upravo ona umela da mu zgadi pisanje. Vrpca je kao žena: bez nje nema reči, a s njom je reč uvek neka druga reč. Ona je instrument za šifrovanje, koji svaku reč pretvara u drugu reč. Tu bi ideju vredelo ponuditi pronalazačima, možda baš gospodinu pastoru Maling-Hansenu. Mašina za šifrovanje. Pretražio je svaki zakutak u iznajmljenom stanu. Tako, deset dana. Njegov desetogodišnji plan trpi zbog tog priličnu štetu. Ne, mašina je nestala, a Niče je u kašnjenju za sobom. Ako sam sebi ne pomogne, niko neće. S tim solidnim zaključkom, odšetao je do mehaničara. Stranac, ali ume s prstima, baš kao sam Niče s rečima i idejama. Majstor. S Balkana? Tako nekako, a po imenu

Lamborgini. „Gde ste vi celo leto", pita mehaničar. „I ja volim skitnju. Evo, mašina je opet kao nova, kao da sam je tek sad napravio. Na svakoj ideji se mora raditi, pa i na ovoj." Niče ne može da dođe sebi: dakle, tako! Tu je.

Ali, ono što sam mu dužna, ja ne moram da mu vratim. Skriva se od mene. Nisam mu ja žena-mašina, pa može da me uključi ili isključi kad mu se ushtedne. Ruža oseća navalu melanholije. Nimalo tvrde. Nažalost, meke. Sruči se popreko na danima već nepospremljen krevet. Pod njom šušte listovi papira s beleškama, ižvrljani. Ne može da se seti kad je poslednji put spavala. Noćas, nikako. A već je podne.

Najpre je čula neko zuckanje, a onda se razleže glas. Bila je baš sanjiva, pokrila se preko glave i žmurila. Čak ni taj glas nije mogao da je digne iz postelje. Istovremeno smetao joj je da potpuno usne. Glas se raspevao

Be my love,

ali ispod očnih kapaka znala je, u plavičastom svetlu dana, da se ta ljubav još nije rodila.

Budi mi ljubav,

evo me, htede da se odazove glasu. San ju je ipak obuzimao, jači od svega.

Budi mi ljubav kad se probudim,

ako se ikad probudim, već u snu, prepisujući mrlje iz jave, smoždena neprestano ponavljanim pripremama za životno rešenje, šaputala je, upadajući na ničiju zemlju, između svetla i tame. Odjednom ju je zabeleo levi lakat. Pipnula ga je. Hrapav, presvučen krokodil-

skom kožom za koju joj je izgledalo da je živa i da se širi i osvaja joj celo telo. Glas nije jenjavao:
Budi mi ljubav
Kad se probudim
U ponedeljak...

Da, naposletku je prespavala ponedeljak. Ne zna koji je dan, da nije sreda, kao da nikad čula nije za buđenje, a ljubav je mislena imenica u kojoj nas niko ne čeka. Pričinjava joj se da čuje: Ružo, ljubavi, voleo bih da si negde tamo.

Naspavala se, onako obučena, ležeći na svom piskaranju uz Ničea i o svemu ostalom, probudivši se tek sutradan u osvit.

Okrepljena, konačno je počela da razmišlja, jer u tom pogledu ni od Ničea ni od njegove pisaće mašine nikakve koristi. Najpre prekida s glupiranjem na konferencijama, te sloboda, te zakoni... Prekida i s komisijama. Nemoćna je da nađe prave reči za identitet nestalih i pobijenih, ni za hladnjače i veštačka jezera. Kad je nešto suviše istinito, lakše biva da se prometne u laž. Sama pomisao na Srebrenicu i masakr koji niko neće da prizna, već je rastura. I šta joj je trebalo da prihvata taj posao? Prevoditi je njena zla kob. Neka onda kob bude sporija i mekša. Odlučila je, prevodiće knjige. Slaba kinta, ali mirnija duša. Uz to, uvek glupacima može da predloži prevod knjige za koju oni i ne znaju da postoji. Malo ove, stvarne, malo one, nestvarne, jer naposletku su sve stvarnije od stvarnih. Gricka je već da prevede nepostojeći Kuvar za ljudoždere. Ta laž, istinitija od svih utvrđenih istina, otvara joj i šansu da se rastereti svega što je videla i čula radeći na ekshumacijama i pokoljima. Može početi s tim da je Bog stvorio namirnice, a Đavo kuvare. Na ljudima je samo da jedu. Neko je zove. Ona kao i da ne čuje da zvoni. Sve je za ždranje, krave, svinje, ratovi, veštice, trave, gladiole, sve je to ljudožderstvo. Kad je reč o antropofagiji, nema zaostalosti na Balkanu. Poslednja večera, evo vam trpeze, hladno predjelo, smrznute džigerice, butkice i jagodice sa bosiljkom, ukusno ovo meso, rižoto od divlje mirođije i očnih kapaka, a pije se mozak sopstveni i tuđ... Duhovna pesma, nego šta, Tajna večera na kojoj, iz *vrelih voljenih usta, sveta strast u jezi vadi srce, i ko je jednom to probao, ješće svoje telo i piti svoju krv večno*. Boli me briga za ljudožderske pesme duboko usađene u naše ljubavi i strasti. Možda sam luda, ali i za to me boli briga. Bila je gladna. Spremi zeleni čaj, kao uvek, u dve šolje, za sebe i za nekog ko nije tu.

Ponovo nečiji poziv. Ona sačeka. Kad je u sobi zavladao tajac, ode da se istušira. Obrijala je noge. Voskom skinula malje ispod pazuha. Popila čaj, već hladan i gorak. Među bočicama nađe neku irsku kremu kojom namaza lice. Potom iziđe na ulicu, u aprilski dan. Izvadi tamne naočare za sunce i stavi ih na oči. Krema je služila da se mišići lica, posebno oko usana, ne zatežu prilikom smeha, i tako izbegne nastanak neželjenih bora. Ruža nije ni primetila namenu kreme, kao što nije ni primetila da je kremi već istekao rok trajanja. U svemu uvek vreba neki problem, jer se upravo prisetila upozorenja jedne od svojih prijateljica, od atraktivnijih, koja se od početka posvetila prevođenju knjiga. Po njenoj priči, poslodavcima valja odmah pokazati zube. Većinom su to muškarci odreda skloni razvratu. Odmah prelaze na seksualno zlostavljanje prevodilaca, koji su, opet, većinom žene. Ako se tome ne odupreš, bićeš robinja najmanje godinu dana, u stvari dok ne budeš satrvena do kraja. Ruža dvaput škljocnu vilicama.

Stigavši naspram Sojkine prodavnice dugmadi, vidi da je otvorena, odlučuje da svrati, i prelazi ulicu između dva luksuzna automobila. Na prvom je neka zastavica: između dva plavičasta polja, belo polje u čijoj sredini je stilizovano žuto sunčevo lice. Diplomatska kola. Samo se još deca snalaze u državnim zastavama. Par zgodnih i stasitih latino-tipova, s ponešto istaknutijim guzovima, posmatraju je u isti mah podozrivo i sa izvesnom nesigurnošću u očima. Ruža ponovo dvaput škljocnu vilicama, ali odmah i napući usne. Još je u njoj zaostao mrvičak od meke melanholije.

Šangajke su sinoć, pred spavanje, tražile da im teča Niče, kako zovu Vladu, kupi bicikl. On se setio svog i obećao im je da će ga srediti da izgleda kao nov, zameniti mu gume, ukloniti rđu, podmazati. Vlada Dugme, koga svi zovemo samo *Niče iz Mileševske*, od ranog jutra je tog blistavog aprilskog dana na tavanu. Sojka je otišla na pijacu. Devojčice su još u krevetu, tek popodne imaju školsku nastavu. On je dvaput skoknuo i do prodavnice, nešto je donosio i odnosio. Ali, šta god radio, Vlada Dugme, za sve samo Niče iz Mileševske ili Niče Mileševac, danas je na vreme otvorio radnju. Prolazeći pored dečje sobice, vedro je doviknuo „biće, biće", i naložio ćerkama da ne ustaju dok se tetka Sojka ne vrati.

U vreme uobičajeno za njihov ručak, oko sat posle podneva, kad je hteo već da skokne gore, u stan, primeti kroz izlog, preko puta, dvojicu muškaraca. Nije mu dugo trebalo da jednog od njih prepozna. Ipak, nije bilo u njemu straha. „Konačno", promrmljao je i počeo brzo, bez panike, da razmišlja šta da preduzme. Nikakvog oružja nije imao na dohvatu. Mogao bi da istrči ravno pred njih i da stvar bude završena, uz pretpostavku da Sojka i deca neće biti u opasnosti. Jedan od njih je bio njegov bivši konsiljere. Nikad mu ništa nije učinio nažao, čak ga je i uzdigao maltene do sebe, ali u ovim stvarima navodno nema nikad ničeg ličnog. Možda bi mogao da ga uveri da Sojka i devojčice... Ili... Za druge mogućnosti više nije bilo vremena. U radnju je ušla žena u crnom kostimu i s crnim naočarima. Na časak mu je pao na pamet biciklistički kostim koji je Sojka spomenula noćas. Pomislio je da je u pitanju mušterija, i u dva koraka joj prišavši, brzo je i oštro rekao: „Napolje, molim vas, zatvoreni smo." „E, onda ćeš da otvoriš, don Romero", rekla je žena i skinula naočare. Instinktivno je pogledao preko ulice. Obojica su i dalje bili na istom mestu. Samo je njegov bivši konsiljere gledao u radnju, dok je onaj drugi osmatrao okolo.

Nije se plašio, ali sledio se. Živci rade i bez naše volje. Tada je prepozna.

I sećanje ume da radi bez naše volje. Tako je Vladi, koga zovemo Niče iz Mileševske, sad munjevito proleteo kroz glavu davni prizor s konsiljereom. „Lakše podnosim život kad ga uzimam u malim gutljajima", kaže mu savetnik, objašnjavajući zašto spava po celu noć i pola dana. „Ja sam rođeni asketa, nije mi stalo da se prepijam ni u piću ni u životu. Čak i ne sanjam." Upravo to je i poštovao kod njega: šta će mu savetnik koji bi neprestano bio u transu! Od konsiljerea očekuje hladnu glavu. Kao i svi koji su na konju u ovom vremenu, uzeo ga je da ga savetuje u poslovima, a oni su bili, kako bi danas rekao, mračni poslovi. Šverc, zakonodavstvo, likvidacije, nameštaljke, informacije, ratni i drugi zločini, obrtništvo ženama, strateškom robom i imovinom bez titulara, i sve takve stvari koje iziskuju čistu inteligenciju. Bilo je podne, kao i sad, a moj konsiljere me psuje. Opraštam mu, jer mi je stalo da čujem šta misli o pitanju presudnom, u tom trenutku, za moj život. Probudio sam ga suviše rano. Sluša me sanjivo, pa mi gotovo u polusnu diktira sledeći savet: „Beži, beži, iako nemaš šanse, beži."

I on je bežao, i bežeći, vratio se ovamo odakle je takođe jednom pobegao. Valjda mora biti tako: bežeći, uvek se vraćamo tamo odakle smo pobegli. Tu vas i nalazi poštar smrti, a onda, čak i ako je sam paket nepravedan i pogrešan, isporuka ne greši u adresi dok za pravdu ne mari.

Pred njim je Ruža skinula naočare i gledala ga, netremice, pravo u oči. Sve što je htela, pročitala je u njima. Ne bi bila žena-vatra, donja Rozita, ajkula među južnoameričkim bankarkama, da ne može za sekund da pročita čoveka. Ponovo stavi naočare i reče: „Da ih vidim. Nemoj im reći da sam ja." U radnju, obe istovremeno, međusobno se gurajući, uleteše šangajke, vičući uglas: „Teča Niče, teča Niče, ručak, zove tetka Šojka, moramo u skolu." Zbunjene prisustvom nepoznate žene u crnom, brljale su sa Sojkom i školom. Teča Niče se odmah doseti. Recite mi lepo i mirno. Uhvatiše dah i mirno i tačno rekoše. Donja Rozita se osmehnu, pa gledajući u bivšeg don Romera, samo kaza: *Good girls! And they're very pretty*. „Da, dobre i zgodne na mamu", već prilično opušten uzvrati Vlada Dugme koga među sobom svi zovemo Niče iz Mileševske. Donja Rozita, više za sebe, prigušeno huknuvši: „U svetu si zapamćen po oskudnoj mašti." Šangajke ujednačeno zapevaše: *We are good girls. We are very pretty. He has no imagination. Nevermind, be my love forever.* Od temperature koja joj je udarila na oči, donja Roziti se zamagliše tamna stakla. „Ispružite ruku", reče im. „Hajde", ponovi. Pošto im je teča Niče klimnuo glavom, jedna ispruži levu, druga desnu ruku. Donja Rozita im brzo zakopča narukvice od blistavih kamenčiča, koje joj se stvoriše na dlanu, i potom odnekud izvadi dva istovetna jajeta od zelenog kristala, u kojima nešto zvecnu, i svakoj blizanki dade po jedno; ove učtivo zahvališe: „njam, njam". Onda, bez reči, donja Rozita odlučno iziđe na ulicu.

Ruža se gotovo sudari sa ženom koja je užurbano izlazila iz dugmetarnice. Obe mahinalno skidoše naočare. Ruža reče: „Pruga završava u jezeru, pod vodom, znaš li?" „Oduvek sam to znala, ali nije vredelo da ti govorim", odvrati joj Rozita, i neprimetno podignutim dlanom zaustavi ljude preko ulice, koji su se rukama bili mašili za nečim ispod mantila. Otišla je poput aveti u kolima sa zastavicom, u pratnji drugih kola. Niko je od nas, mogli bismo se zakleti, iz ulice nije ni video. Došla je i otišla kao što duh pokreće ili zaustavlja mašinu.

Kao da nikog nije ni srela, Ruža s naočarima u ruci uđe u Sojkinu prodavnicu. Dve devojčice su stajale kod tezge, a Niče iza tezge. Devojčice, međusobno nalik kao dva jajeta, i sa zelenim jajima u rukama, kad je ugledaše, uzviknuše u isti mah: „Mama! Tu si!"

Ruža se nasmeja: „Tu sam, uvek sam tu." I prirodno, kao da su to njene ćerke, zagrli ih i poljubi. „Zar ne bi trebalo da ste već u školi?" Pitala je strogo.

Vlada zvani Niče se sagnu i na tezgu pažljivo stavi predmet uvijen u pakpapir. „Ovo još nije viđeno ovde", reče.

„Znam, oduvek sam znala: Ničeova pisaća mašina *Maling-Hansen*." Usred razvijenog pakpapira, besprekorno očišćena, crnkaste polulopte, s papirom nameštenim na poluvaljak, s dirkama, zavrtnjima, oprugama, točkom i postoljem od mesinga koji se caklio, kao da se pojavila niotkud, mašina se nudila da sve zapiše što nam padne na pamet, sve filozofije, sve priče.

„Nije Ničeova. Ona je u arhivu u Vajmaru. Ova je njena sestra blizankinja, prošla je isti put. Mogućno ju je prodati za najmanje osamdeset hiljada dolara ili je založiti za ljubav."

„Utroje?"

„Udvoje, utroje, koliko god... Svaki broj je za početak dobar i svaki stil je efikasan ako ga živimo."

Svakako, nije to bio više Vlada Dugme i s pravom ga, da tako kažemo, svi zovemo Niče iz Mileševske ili slično. Da nismo očevici, niko od nas ne bi verovao u toliki preobražaj. Bio je to drugi čovek. Ako smo tokom godine sa olakšanjem uočili da to više nije bio nekadašnji neuračunljivi pustolov, ni australijski pastuv niti bezobzirni don Romero, šta se dogodilo s Ružom? Ni ona nije više bila Ruža iz ulice. Na njeno mesto se ušunjala možda neka prevarantkinja? Bila je ona i dalje plavooka, riđokosa, s mladežom koji bi se, preko noći, odšetao od jednog oka do drugog, i dalje ona koja je u nama budila strast, ali ne i ona koja je pobegla od dece, s rakom krvi u sebi, i za koju smo već prilično osnovano uvereni da je u Buenos Ajresu, kao donja Rozita, zauzela mesto don Romera i postala naša nevidljiva zaštitnica.

Zbunjeni smo, međutim, da i sama Ruža otvoreno priznaje da ona nije *ona*, nego da je apsolutno druga, u stvari njena sestra bliznakinja, i da je, štaviše, to i ranije bila, barem otkad zna za sebe. Posle čuda s Vladom Dugmetom, koji je sad za sve nas samo Niče iz Mileševske, naposletku smo sve skloniji da, bez strožijeg ispitivanja, prihvatimo i Ružinu priču, kad bi se ona samo zaustavila na njoj takvoj kakva jeste. Ali, Ruža neprestano širi svoju priču. To je, kaže, njena tajna povest, i ta povest je beskonačna. Zato je i odlučila, poverava nam, da skupi sve priče, o sebi u svim vidovima, kojih može da se seti ili koje može da smisli. Ne vidi drugo rešenje za sebe, nema drugog leka za njeno ludilo. Po njoj, Rozitino rešenje je privremeno, pa je pitanje dana kad ćemo čuti da je u nesrećnoj slepoj ulici, i ona lično ga ne bi primila na sebe do kraja života. Kroz smeh je podbadamo da je to, hm, da tako kažemo, tek izraz ljubomore. Onda ona prasne u smeh, još veći od našeg. „Ne poznajete me vi, takva sam, ljudožderka. Ovdašnji život me je pretvorio u to. Kako god hoćete, i to je još bolji deo od najboljeg, niste ni vi drugačiji."

ARTEINDUE

„Smeši ti se Italija", ubeđivao me je Jovica Aćin, „a to znači da ti se smeši ceo svet." Oklevao sam. U izvesnom smislu sam oklevao. Imao sam neko loše predosećanje. „Ja se više i ne sećam kad sam i kud sam putovao u prošlih dvadeset godina", rekao je on. „Nije ovo više kao nekad. Bezmalo je nemogućno otići. Zarobljeni smo. Odavde uglavnom putuju samo oni koji odlaze zauvek. Zato ti imaš jedinstvenu priliku. Možeš da odeš i da se vratiš. Šta se tu premišljaš kao da nisi pri sebi. Nemoj da si skanjeralo, nego kad se vratiš da nam pričaš."

Po naravi sam kolebljivac. Ne sumnjam da je Jovica mislio najbolje. Barem je on dobro mogao da poznaje razloge zašto bi trebalo da idem. S obzirom na to kuda bih putovao, to je za mene bilo u neku ruku hodočašće. Pravi razlozi zbog kojih bi trebalo da putujem kao da su me opunomoćavali da svoj pohod nazovem misijom.

Zimu sam proveo uglavnom čitajući. Probijao me je znoj od knjiga. Iš, izmišljotine, zaključio sam, daj nešto stvarno i obično, makar bilo i dosadno. Prilika je neočekivano iskrsla.

Nije moje polje, ali sam slučajno posredovao u izvozu domaćih bukovača gajenih na slami u džakovima. Italijani su veliki žderači pečuraka, a i ja ih volim i donekle poznajem. Posao sam odradio, bez ličnih interesa, na zadovoljstvo obe strane. Firma kupac htela je nekako da mi se oduži. Tako sam dobio putovanje na poklon: poziv da otputujem u Italiju, u Torino.

Imao sam misiju i mogao sam da konačno dignem ruke od fantaziranja. Brinulo me je samo izvesno predosećanje. Kljucalo me je u mozak: reskiraš, reskiraš, ali šta reskiram, o tome se nije jasno izražavalo.

„Bićeš na tajnoj misiji", rekao je Jovica, kao da je čitao moje misli. „Moraš na licu mesta da otkriješ stvari za kojima si, znam, oduvek žudeo. Saznaćeš ponešto što još niko ne zna. Videćeš. Staćeš stopalom u otisak stopala onoga što je obeležilo tvoj život. Otvoriće ti se misterija. Nema više posrednika. Oduvek si tragao samo izokola, ali sad ti se pruža prilika da zaroniš u srce vira, i da dišeš vazduh na istim mestima na kojima je nekad disala tvoja sudbina. Ideš na poklonstvo. Ono što ti niko nije mogao saopštiti, sam ćeš dokučiti. Samo njuši tragove, prati ih do kraja, i iščeprkaćeš, verujem, bar neku sitnicu, odlučujuću, koja menja perspektivu i koja će ti reći o čemu su svedoci ćutali."

Kao da mi je vadio reči i nade iz usta i duše. U stvari, bilo je suvišno da me nagovara. Mogao sam bez njegove patetične podrške. Ionako sam već bio odlučio. Pozvan sam u Torino, ali i ostalo je tamo, u blizini, u istom kraju. Trebalo je da razgrnem pepeo na ognjištu i, pipkajući, izvučem još vruće ugarke. Mora ih biti. Ne trnu oni u ovakvom slučaju tako lako, čak ni posle sto i više godina. Prešao sam preko svog predosećanja, koje me je odvraćalo, i odlučio.

„Hajde u Torino, pa u Đenovu obavezno", ponavlja Aćin pretvoren u papagaja i već mi njegovo uveravanje izlazi na nos. Kao da ja ne znam kuda ću i zašto. Istovremeno sam dirnut njegovom istrajnošću, po meni izazvanom pretežno zavišću što njemu nije ponuđena takva prilika, niti će je ikad imati u životu. „Smeše ti se", ne prestaje on, obrgljujući me. Poznajem ga odvajkad; ne pamtim da je ikad bio ovako gorljiv, i to mi je unekoliko sumnjivo. Kljuca mi u glavi, potpomažući predosećanje, da on možda nešto zna više, a to je stisnuo i ne iznosi. Ko zna! S njim ne možete nikad biti načisto.

„Ne oklevaj, kreni." Malo me živcira i odgovaram mu da ipak nisam siguran da će sve proteći kako bih voleo, možda će mi na glavu pasti jaja od papagaja i živ se ili čitav neću vratiti, tamo možda vrebaju baš takve kao što sam ja, idolopoklonike, fetišiste, i strepim, kažem mu, jer mi intuicija jasno kazuje da ne idem, da odustanem.

Ne samo što u Đenovi i Torinu nikad nisam bio, nego nikakvog pojma nemam o Đenovi i Torinu. Znam da su to italijanski gradovi. Apsolutno znam i ko je boravio u njima, jer od tih podataka se i sastoje moji istinski razlozi da krenem, ali ništa više. Kad stignem, već ću se snaći. Rođen sam za nepoznato. Kupiću i gradske planove sa ulicama i važnim lokacijama. Umem da ih čitam; moja krv je kartografska.

„Idi, čoveče, imaš savršenu priliku", opet papagaj zvoca.

„Ali, čekaju me velike stvari koje moram ovde da završim", izmotavam se, sve nervozniji.

„Idi, idi", tera on isto. Pitam se, čak i da nisam već odlučio, kako sam mogao da odolim tom spopadanju. „Plaćeno ti noćivanje, plaćene ti karte za put, hej, gde to ima! Slobodan prelaz preko granice! Samo pretrčiš. Nabaci i meni tu svoju firmu sa takvim pozivom. Izmišljena stvar. Još ću da ti pozajmim trista evropskih kinti. Ponesi svoje gljive bukovače sa peršunom u maslinovom ulju i svoje vino, i možeš da budeš miran i gospodin, a onda natenane da slediš trag." U pravu je. Naravno da ću to uraditi, i nije mi potrebno da me on uči onome što je od mene nekad naučio. U nedoumici sam ko je od nas dvojice grozničaviji zbog *mog* putovanja.

„Nemoj da misliš da i ja nisam jedared hodočastio", naglo, kao što sam i očekivao, prelazi na sebe, pokušavajući da unapred izjednači svoje iskustvo sa svim što ću ja iskusiti sutra kad pođem. Raspreda mi kako je bio u Beču i kako je išao u Frojdov stan, gde je bila i ordinacija, u *Berggasse 19*, Brdska ulica. Crta mi i detaljan plan Frojdovog staništa, sa svim nameštajem.

Stan u kući do koje stiže prolazeći pored Petrove crkve, ne, greši, kroz park sa dvotoranjskom crkvom Zavetnicom, pa ni desetak minuta od nje. Na prvom spratu. Na vratima pločica: *Prof. Dr. Freud*. Najpre se udubio u stari spisak stanara u kući, Frojdovih najbližih suseda. Njih više nema. Kad je pozvonio i ušao, to je zaista stan. Ničeg neobičnog. Stan za koji bi dušu dao da je njegov, priča mi. Nikako da ga doživi, reče, kao svetilište koje pohode psihoanalitičari iz celog sveta. Tu je nameštaj, onoliko koliko je sačuvano. Lični svet. Predmeti koje je On dodirivao. Ostaci antičke zbirke. Divan, sofe, stolice. Kad nikog nije bilo u prostoriji, krišom je seo na sofu u Frojdovoj radnoj sobi gde je primao pacijente i prijatelje. Ona je desno iz predsoblja koje je imalo i ulogu čekaonice. Veliki prozor. Tu su ulazili, na zakazane seanse, glasoviti Frojdovi slučajevi: Dora, Čovek sa vukovima, Čovek sa pacovima. Tu su bili čuveni „sastanci sredom". Koliko ih je uopšte moglo stati u tako malu sobu? Promeškoljio se na sofi, pokušavajući da nešto upije u sebe, ne zna šta. Onda je brzo ustao, jer je ušao neki od posetilaca, verovatno opet hodočasnik kakav je i on bio. Meksikanac ili Argentinac. Svi smo isti, reče. Jednostavan stan i očekivano ponašanje sledbenika, među koje i sebe svrstava. Možda bi isto video, zaključuje, i u Betovenovom stanu. Soba, recimo, u kojoj je nastala *Eroica*. Dok je bio u Frojdovom stanu rekao je sebi: Ovde je nastala *Psihopatologija svakodnevnog života*, tu su sastavljeni *Ogledi o seksualnosti*. Hodočasnici dolaze i kradu intimnost stana koji je tokom četrdeset godina udisao dah prvog psihoanalitičara i bojio se dimom iz njegove cigare među zubima. Neki bi na to mogli imati više prava. Taj brkati Meksikanac, ili Argentinac, sa šeširom i u kariranom mantilu, izgledao mu je, reče podrugljivo, kao da radi za najmoćniji kolumbijski narko-kartel. Takav sledbenik bi se bivšem vlasniku stana verovatno dopao. Imao bi svog ličnog i pouzdanog snabdevača kokainom. Šta, zar je Frojd bio kokainoman, pomislio sam, zar je i on uštrcavao, pitao sam se, jer nisam znao za to, i to je moglo biti tek izmišljotina. To već ne bi bila mala stvar, čak ni pre sto godina, rekao je on. Stao je pred ogledalo u predvorju. Ima li u njemu još od poslednjeg Frojdovog odraza pre nego što će sa kćerkom izbeći u London? Nije uočio. Možda bi trebalo da ode i u Frojdov londonski stan, u Hempstedu. Ali, neće. „Ništa neću videti što već ne vidim kad zamišljam", reče. On je kao neki vidovnjak. To je trebalo da bude konačan udarac upućen meni. Priča mi jedno, a suprotno misli. On to radi uvek, i uvek odaje šta misli, nimalo slučajno.

Posle celog tog vatrenog opisa, kažem mu samo kratko: „I ja sam bio tamo. Trošio si se zalud. A video sam neke stvari koje ti izgleda nisi."

Zamuknuo je tek tad i, mahnuvši mi rukom dok smo se rastajali, upiljivši mi se u lice ozbiljno reče: „Šta god radio, osvetlaj nam obraz."

To je bio vrhunac. Da plačem ili da se smejem?

„Da, tatice", rekoh očajnim glasićem, poniknuvši pogledom, saglasno njegovom prostačkom humoru. Osvetlaj nam obraz, ha, neka ga on osvetla. Moj je svetao. Bez mrlja.

Ne ide loše, pomislio sam. Konačno sam i tu brigu sa njim prebrinuo. Neće mi više skakati za vrat. Kad već idem, da odem.

Sve je to po meni suviše dugo trajalo. Kad se putovanje oduži, onda bivam podozriv ili mi mozak stane i ne shvatam pojave oko sebe, ni gde sam ni šta se događa. Mada sam planirao da počnem sa Đenovom, na torinskom aerodromu rešio sam da najpre pođem u Torino. Odazvao sam se mirisu koji me je tamo mamio. U *Kontinentalu* mi je rezervisana soba. Miris je bio Violetin. I obećavao je. Tako smo se i upoznali, putem mirisa. Iz evropske zabiti ušao sam u Evropu, presedajući iz aviona u avion, u Minhenu, gde sam do poletanja mogao da predahnem. Seo sam za stočić na kojem je bila pepeljara. Tek što sam zapalio i počeo da srkućem grozni čaj iz vrećice, morao sam tiho, opet u plastičnu šolju, da ispljunem gutljaj tog navodno zelenog čaja. U njemu se osećao jak ukus vanile. Prošla me je jeza. Samo neko ko umire od žeđi, mogao bi da pije čaj sa veštačkim ukusom vanile. Prokleo sam čaj, ma bio i stoput besplatan. „Nećeš ga majci", rekao sam poluglasno i odgurnuo šolju od sebe. Onda je u nozdrve počeo da mi se uvlači drugi miris. Devojka za stočićem do mog nasmejala se od srca. Nisam mogao da ga odgonetnem. Bilo je u njemu nečeg divljeg i neuništivog. Miris žbunja sa kamenite mediteranske obale, i nečeg probojnog, afričkog.

„Ne dopada vam se?" upitala me je, osmehnuvši se i onda opazih da ima zlatni očnjak.

„Naprotiv", rekoh sa stidom i nevericom, nesiguran šta da skrijem, stid ili nevericu, i tako oboje bi očigledno u jednoj jedinoj reči.

Odmah smo raščistili zbrku. Ona je mislila na čaj, a pila je ekspres-kafu koja svakako nije bolja, reče, od mog čajnog izbljuvka, ali nije odustajala da je pije. Nije izbirljiva, pa i mlađa je od mene dvadesetak godina, ocenjujem, najviše ako ima dvadeset i šest. Ni ja ne odustajem kad već osetim dobar miris. Primetila me je već u avionu pre nego što smo sleteli. I ona leti za Torino. Tamo je neki sajam knjiga, gde sutra ima nekoliko zakazanih sastanaka. Vodi dizajnersku agenciju koja za izdavačke kuće radi grafičku pripremu i likovnu opremu knjiga. Naziv agencije? *Recycle*. Za recikliranje ružnog u lepo. Ona je vlasnica i jedina zaposlena. Studirala istoriju umetnosti, a naumila je da proširi posao i nosi uzorke koje će demonstrirati evropskim izdavačima. Njeno ime? Violeta Dinara. Oči? Zelene i ljubičaste. Hoću da joj pričam o njima, ali shvatam da je ono što ja vidim, za nju šala. Kaže da su joj oči naprosto smeđe, a ni u kojoj varijanti neke svetlije boje. Možda sam daltonista. Pri tom nije moguće, po meni, da ona nema ničeg ljubičastog u sebi. Ili bi sve bilo velika greška, i veoma tužno.

Bio je to avinončić kojim smo jedno uz drugo preleteli Alpe. Da nema ljubičice u njenom mirisu? Ne, nikako, alergična je na ljubičicu. Stvarno? Stvarno. Nikad za tu alergiju nisam čuo. Kad bih od nje patio, pored Violete bih se izlečio. Ne bi trebalo da u to budem toliko ubeđen, spuštala me je na zemlju najozbiljnijim glasom, ali nešto mi je ipak govorilo da ne dopustim sebi da budem razuveren. Miris žene je miris istine, rekao bi Niče, filozof sa najobdarenijim nozdrvama.

„Zaljubljena sam već!"

Ispod rebara je počelo da me štreca. Udahnuh, i zapitah je:

„U koga?"

„Pa u tog Ničea, sa genijalnim nozdrvama."

Bio sam na pola puta, nemoćan da se opredelim između toga da li me njen odgovor uključuje ili isključuje. Moram biti oprezniji.

„E, on više nije živ, a ja upravo polazim u potragu za njim. Još bi dodao: miris istine, ali istine do koje niko neće dopreti."

„Tu se ne slažem s njim, bio živ ili ne bio živ. Što se mene tiče, apsolutno greši. Ko tako prilazi istini, nikad je neće ni dostići. Čak ni miris žene neće upoznati, a onda će i nedokučiva istina za njega biti samo košmar, ludilo."

Nisam mogao da poverujem da je to rekla.

Nada se da ja ne mislim kao taj tip, ionako mrtav, dodala je. Da li je to bio poziv? Tako otvoren! Shvatao sam zašto je Fridrih Niče ludeo za ženama i od žena. Kao da je Violeta, u magnovenju, pročitala celog Ničea. A da baš nikad nije čula za njega, to već nije bilo mogućno, zaključio sam. Da je on – ja, i da je tog trena bio na mom mestu, ostao bi pokošen. Potom bi ispravio svoj uvid o istini. Možda je i bio, možda se negde i popravio, napisavši da jeste istina u ženi i kad god pokušamo da je izustimo, ona se promeće u neuhvatljivu laž.

Ovog puta sam ustanovio da ako na hodočašće krećete avionom, neke stvari nikako ne smete nositi u prtljagu. Recimo, fen za sušenje kose. Nikad ja ne sušim kosu fenom, ali ga, kad god letim, uvek nosim sa sobom, jer to je moj srećni fen. Brinem o njemu da bude čist, izglancan, ispravan, spreman za upotrebu. On je za mene avionski motor, dobro podmazan, sa propelerom. Ukratko, desi li se da neki motor u avionu kojim letim otkaže, a sa avionima se i to dešava, onda ni po jada: imam fen koji u avionskom prtljažniku čeka svoju priliku. On je moje lično osiguranje od vazdušne katastrofe. Fen je zalog moje bezbednosti. U stvari, ja letim na njemu, a avion je tek pomoćno sredstvo. U tom se sa mnom, sudim li po incidentu, više ne slažu plaćene službe vazdušne i aerodromske bezbednosti. Kad smo se iskrcavali, dohvatio sam Violetinu sportsku torbu, očigledno težu od mog ručnog prtljaga. Poneću joj ja. Ona je insistirala da onda ona ponese moju torbu u kojoj nije bilo ničeg osim nešto najnužnijeg veša, higijenskog pribora i nekoliko mojih omiljenih šumskih zalogaja u plastičnoj kutiji. Da, i vino, jedna boca, i cigarete. Međutim, ja sam imao i torbu na točkiće koju sam morao da preuzmem na isporuci prtljaga. Violeta će me sačekati napolju, pošto je mlađa i ne pada joj na pamet da, putujući na dva-tri dana, nosi suvišne stvari. Moje velike torbe nema. Ostali putnici su uzeli svoje i otišli. Torbe nema. Prijavljujem slučaj. Vode me u posebnu prostoriju, a u njoj moja torba. Moja bivša torba. Katanci i brave polomljeni. Torba nasilno otvorena i sva rasturena. Jedva sam je prepoznao i jedva da je to uopšte još ličilo na torbu. Negde, može biti u Minhenu, ili tu, na torinskom aerodromu, torba je morala biti provaljena i istražena. Snimak je pokazivao da je u njoj oružje. Srećom po mene, objasnili su mi, bio je to običan fen. Uzeo sam svoj fen, razmontiran. Mogu jedino da ga sahranim uz počasti za vernu službu. Njegove delove sam nežno stavio u oba džepa svoje jakne. Ostatke torbe sam, sa svim ostalim, ionako suvišnim, Violetin stav je dalekovidniji, ostavio gospodi pametnjakovićima. Uzeo sam i potvrdu o šteti. Neću to baš tako da pustim.

Napolju se osvrćem, ali Violete nema. Možda je nikad nije ni bilo osim u mojim sanjarijama. Možda je oteta, možda isparila, možda iskušava moje čulo mirisa, proba da li ću je naći pomoću njega, da li su moje reči laž ili istina. Vrteo sam se okolo prilično dugo, skoro do podneva, i onda pošao u podzemnu stanicu, takoreći na deset metara od zgrade, na voz, s namerom da prvo odem do Torina, nađem Violetu i zatim otputujem u Đenovu i tako dalje i kako se već bude odvijalo moje hodočasničko traganje.

Kao što već rekoh, putovanje vozom od aerodroma do Torina se odužilo. Trajalo je više od sat vremena, možda i dva. Ne nosim časovnik; časovnici nas pre ili kasnije varaju. Skolila me je sumnja. Jedina stanica, verujem, na kojoj smo stali, bila je izvesna Aleksandrija. Jutros sam rano morao da ustanem, i u vozu me je, razumljivo, oprhvao san. Konačno, nesvestan koliko dugo sam dremnuo, stigoh. Još podozriv u sebe i u sve oko sebe, ali već sa glavom u kojoj mi se zavrtelo, kretoh peške ulicama, da se razdrmam i onjušim grad. Svako će vam reći, ponavljam, da sam rođen za nepoznato, rođen da lutam i ispitujem. To je posebno čulo: kud god me bacili, ma gde se našao u svetu, dočekujem se na noge i kao da sam na tom mestu već godinama, a ne tek desetak minuta. Nikad me nije prevarilo.

Od dolaznog perona, kroz staničnu zgradu, išao sam gotovo kao slepac usred gomile koja je hrlila napolje, opijen nenadanom slanošću u vazduhu i iziđoh među ljude sa svom odlučnošću nekog ko zna šta mu je zadatak i hoće da ga ispuni bez obzira na prepreke. Na sekundu obnevideh od majskog sunca i nehotice naleteh na čoveka, izvinjavajući mu se, kao i on meni. Ili je on naleteo na mene. Kao da je bežao, jer brzo se, posle našeg sudara, izgubi u vrevi prolaznika. Učini mi se poznat. Japanac u odelu od tvida, sa rancem na leđima. Nekako neobična kombinacija, i sam lik neobičan. Može biti, a ne mora: ličio je na jednog iz japanske grupe koja je, pre nekoliko godina, pet-šest dana redovno posećivala Muzej Nikole Tesle u mom susedstvu, u Krunskoj ulici. Ulazili su u Muzej svakog dana, uvek u isto vreme, baš u jedanaest sati kad bih i ja tuda prolazio, idući na pijacu. Sretao sam ih kao po dogovoru. Bili su mlađi ljudi, mladi fanatici naučnog čovečanstva, osim jednog starijeg, otprilike mojih godina, koji je izgledao najučeniji i čiji mi je lik ostao urezan u pamćenje. Ali, kuda sad?

Ponovo mi se javi čudesan susret sa Violetom Dinarom. Nosila je kratku crnu suknju, od somota sa sitnim rebrima. Da li je to izduživalo ili skraćivalo njene noge, da li joj je spuštalo ili dizalo zadnjicu, doista ne znam. Nije mi ni bilo važno. Imala je tri obrve, jer joj obrva iznad desnog oka bila prepolovljena kratkim okomitim ožiljkom. Mogla je da tu obrvu spoji u celu docrtavajući je ugljem preko ožiljka. Nije to učinila. Siguran sam da to nikad nije činila. Jesam li spomenuo zube kakvi se danas još retko prave? Kosa joj je bila kratko ošišana, čak nije skrivala ni da joj je jedno uho klempavije od drugog. Od prvog trena, prve njene reči, ironičnog smeška, od pogleda koji joj iskrio, bio sam zaljubljen. Ona je bila savršena, mada nikad ne bih osporavao njena nesavršenstva. Oko stegna me je probila jeza. To nije moj stil. Mislim, da budem zaljubljen. Ovde moram priznati da mi se to ipak dogodilo. To dokazuje i da nisam daltonista.

I tako, pre neki čas navučen Violetinim mirisom mediteranskog žbunja i afričkog korenja, proveravajući i svoje posebno čulo za snalaženje, a i u skladu sa planom potrage, puštam da me noge nose, onako slučajno, sa potajnim naumom da dospem do gradskih mesta određene vrste. Jesam dezorijentisan, ali noge slušaju moje uspaljeno čulo i neće omanuti. Istovremeno, za razliku od misije koju sam sebi naložio, moje stanje nije jedinstveno. Zašto bih bio drugačiji od ostalih? To ne bi bio provod. Tek da sebi nagovestim kako se osećao Niče u ovom gradu, sudbinskom gradu za njega, a onda ću na preciznije adrese, gde je stanovao, gde jeo, kuda je šetao kao neumorni šetač, gde pao.

Kao i većina muškaraca puštenih s lanca, koja dolazi iz neke provincije, prvo što gledam jesu žene. Došao sam na pravo mesto. Nikad nisam, tokom svojih retkih putovanja u svetske gradove pokušao da zaista pokupim neku profesionalku iz postojeće ponude. Ogavan sam sebi. U Štutgartu su me vodili u bordel; zovu ga *Puffhaus*. Ulazio sam i gledao gole žene kako idu iz sobe u sobu, ali se nisam usudio da nešto i učinim. Jeo me je živi sram u tom *jebarniku*, kako je, kasnije, nemački naziv znalački prevela prijateljica sa kojom sam nekad studirao germanistiku, a da studije nisam završio. Gori sam od Ničea za koga izvesni tvrde da je na Ligurskoj obali, u Đenovi, odlazio u bordele, ali ne samo u ženske nego i u muške u kojima je upravo, ni manje ni više, pokupio sifilis.

Ogavan sam sebi, beskonačno stidljiv i poplašen, ali odlučio sam. Raspomamljen sam ženskim mirisom. Ovog puta neću odstupiti. Ići ću do kraja. Ima da platim i umočim, i gotovo, i tačka. Konačno, i to bi mogao biti tajni razlog zašto sam prihvatio poziv i krenuo na put i našao se ovde gde, već znam, nikad više neću biti ponovo.

Jesu li kamenjarke već izišle na štraftu? Ili još spavaju posle noćne šihte? Izlaze predveče. Ipak, ovde je uvek predveče, uvek noć, i uvek su tu kćeri pustinje. Moje čulo odlično zna da je plen spreman, maše repićem, čeka, i doista u nozdrvama osećam da su gazele blizu. Nude se da budu pojedene.

Prvo nalećem na par crnkinja. Bio bi to trijumf, mislim, obe skupa. Nikako bez kondoma. Velike malecke. Siskice su im još malo pa džinovske, i još podignute prslukom, steznikom. Grudi doslovno nabudžene. Izvukao sam deset dolara i držeći novčanicu levom, priđoh i desnom rukom ćapih, kao za probu, prvo jednu pa drugu kuravu za dojke. Prava i tvrda roba. Nasmejale su se. U pravu je bio onaj, smeši mi se crna Italija. Obe izvadiše svoje rukometne lopte koje tamno zasijaše, te ih ja ponovo ćapih, tvrde, tvrde, a bradavice široke, meke na mom dlanu i sagorevaju mi liniju života. Najednom, desetak metara niz ulicu, vidim jednu. Više otpozadi, iz poluprofila. Naježio sam se. Ostavih pare crnkinjama i pojurih ovoj. Violeta, Violeta. Ali, nije ona. Samo joj je s leđa slična sto odsto. Kosa, figura i ostalo. Lice? Takvo je da bi mogla biti, ali nije, nema ožiljka na obrvi, ni zlatnog zuba, i crte su slične samo donekle. Može biti da od želje preterujem, videći čega nema.

Gledam je pažljivo. Usredsređujem se. Hoću da zapamtim svaku sitnicu, kako izgleda, svaki njen gest. Svet nije veliki, i Violeta bi mogla imati sestru. Poželeo sam da sa njom razgovaram, ali ne mahanjem rukama i brojanjem na prste. Dobro, pridvidela mi se Violeta. Kako da je i zaboravim? Više mi nije bilo stalo ni do kakvog zamakanja i ubadanja, sa kondomom ili bez. Ako to znači da sam najgori mužjak iz čopora, onda sam najgori.

Njeno ime? Deola.

„Ti budeš dobra za mene, ja tebi dam sto iljada lira", govorim joj onako kako uostalom govorim svoj engleski.

Ona me pogleda sumnjičavo i valjda shvati da ima posla sa budalom, sa strancem kome nisu sve tri čiste. Onda se nasmeši.

„Sto hiljada?"

Klimam glavom potvrdno.

„Šta da ti radim za toliko para?"

Ja cokćem ustima, i kažem: „Ti moj vodič Torino Đenova."

Ona me bolje osmotri. Onda mi se obrati na srpskom jeziku.

„He, baćo, svi vi srpski mužjaci i psi ste isti. Uvek volite da omastite brk za džabaka, i lažete, brate, ko nezdravi. A koji si ti?"

Ukratko, očekivao sam da će ovde na bogatom severu biti neka sirotica iz Palerma, i da ću posle moći da se u uspomenama preslišavam kako sam se uvalio kod ćerke nekog zatvorenog mafioza, pripisujući celu zgodu Ničeu, vadeći ga iz njegovih promašenih ljubavi i poraznih neuspeha sa ženama i istinom, a ispada da je ženska list sa iste grane kao i ja. Međutim, ne odustajem od toga da je obrađujem. Sad je to lakše. Pa, zemljaci smo i isti nam je maternji jezik!

„A, zemljakinjo! Ja ovde došo ko poljoprivredni radnik. Zvao me gazda, i putujem u Veronu da radim devet meseci."

„Je li?" tobože se ona čudi, jer joj je jasno da sa seoskim poslovima nemam veze. Nikakav sam telesno za njih. „A, eto, i ja sam pre dve godine došla ovde da radim ko poljoprivredna radnica. Posao bio nikakav i težak, a onda me prijateljica uvela u lakšu stvar. Tako sam sad fizička radnica. Nije loše. Odradim dve-tri mušterije popodne i uveče, i mirna sam. Mogu da mislim šta oću, i niko mi ne treba. A šta tebi treba da buncaš o lirama? Ovo je Evropa, baćo, a ne srpska bestragija. Ako oćeš da nešto mazneš govori evro, evro, ne lire, tog više nema ovde."

Ja namestim nevin osmeh: „A, tako! Ja poneo dolare, pa ne znam."

„Idu i dolari... A šta te to strefilo i pričaš o Torinu Đenovi? Malčice si promašio. Ovde ti je samo jedno..."

„Stvarno mi je potreban vodič", uveravam je. „U velikoj sam potrazi. Jurim za Ničeom. Voleo bih da upoznam najstarije bordele, naročito muške. Posle me ionako čeka rintanje za Talijana. I je li daleko ta vražja Verona?"

„Ne znam Ničea. Takvog ovde, ako ga je bilo, više nema. Ili je on neki budža do kog se ne može lako dopreti. Da nije to neki ko te ispalio? Neću da se mešam. Ovde može da te sad ima, a za minut te više nema."

„Kao i svugde", pravim se ja pametan i iskusan.

„Ne kao u Đenovi."

Tek što zinuh da je pitam o čemu ona to, kadli preko njenog ramena vidim onog Japanca sa Stanice. Muva se nešto iz prikrajka, pa mi čak kao namiguje. U glavi zveče Deoline reči: ovde te ima, pa te nema. Možda je to japanski jakuza. Ko je ono posećivao

Muzej Nikole Tesle i posle trovao putnike podzemne u Tokiju?

Deola mi kaže da joj je pravo ime Dina, a u Boljevcu su je zvali i Dinka.

„Dinka iz Boljevca! Ah, pa znam ja Boljevac", kažem.

„A ko ga ne zna?" odvraća ona tonom ponosnim i podrugljivim.

Sve vreme Japanca držim na oku. On zađe u pasaž. Pojurim za njim, izvinivši se Deoli Dini Dinki, a Japanac priča sa one dve kurave, crnkinje, koje sad, izdalje, još tačnije ocenjujem. Rasne i stasite, dugonoge. Senegalke? Nisam bez veze najpre na njih naišao. Oko njih je magnetno polje. Odmah zapadaju za oko. Iz čista mira nešto počinje da kopka u meni. Možda Japanac sa njima ugovara kako da me smaknu ako se vratim i uzmem ih da zaigramo goli utroje. Crnkinje i Japanac su govorili svi u isti mah, i mlatarali rukama. Prati me, opasnik, mislim, u stopu, od Stanice. Ne mogu da mu se odlepim. Telepata. Ili mi je zakačio, kad smo se sudarili, neki svoj mikroodašiljač. Prati, proverava i ponavlja sve što činim. U jedan mah crne kurve pokazivale su put mene i Deole koja je pošla za mnom, onda se hvatale za grudi i opet pokazivale na mene. Japanac je konačno izvukao neku novčanicu i dao im je, a one su tad obnažile svoje neviđene grudi. Kakve mora da su im samo pice, pomislio sam. Izdužene i ružičaste, sa klitorisom kao moj palac. To se ne dira ako se pre tog ne pomolite i ne oprostite sa životom. Njih dve su, znači, radile u paru. Biti sa njih dve odjednom, to bi bilo kao da vas rastržu vezane za konjske repove. Dve kobile vranice.

Japančev stil je bolji od moga: on je, pošto je platio, kao divlja mačka kandžama obema rukama ščepao sise koje su mu podmetnule, i čuh ih kako vrište, obe, uglas, ciče do neba. Japanac nije puštao. To mora da je nekakva taoistička ili zen tehnika. Demonstriranje tradicionalne veštine, i pucalo mi je pred očima odakle je glasoviti japanski smisao za ljupkost. Čovek koji se zalepio za mene bez ikakve sumnje je neuporedivi istočnjački majstor za uživanje u blagom dodirivanju i vrcanju telesnih varnica. Ne bih voleo da sam na mestu onoga na kome bi trebalo da bude izvedeno to majstorstvo. Ako bih pitao crnkinje, koje su Japanca dočekale na teška i razgolićena prsa, slutim da se one ne bi složile sa mnom. Prizor je bio takav da biste ga mogli gledati zauvek. Fascinantan. I da zaspite, gledali biste ga i dalje, u snu. Znao sam, istovremeno, da je to neponovljiva prilika za mene. Sad, dok je Japanac zaposlen, dok rukama operiše, i dok one vrište i cupkaju na štiklama, sad beži, govorio sam sebi, sad. Fasciniralo me je da crnkinje vrište, ali očito radosno, kao neko veselo naricanje uz stepovanje, kao da su beskrajno golicljive i cičanjem su potvrđivale svoj puni odušak. Slučaj me je prevazilazio.

„Znaš, zemljakinjo, odo ja, zadatak zove", okretoh se i rekoh Deoli Dinki Dini. U desno koleno me steglo od stojanja i naginjanja da vidim, a da me jakuza ne vidi, pa odšepah što brže mogu. Čuh Deolu Dinku Dinu kako mi govori: „Idi ti samo, srpski šonjo, pederčino, u tri pizde..."

Za mene konačno nema sumnje: Torino je na moru. Preda mnom je more. Jahte, lađe i poznato ljeskanje sunca po površini namreškanoj vetrom.

Nešto se u luci dešava. Neka frka. Iskrsao je problem na jednom od brodova. Uzmuvanost nasred luke dopire čak do mene dok, silazeći prema luci, napinjem oči put mora. Približio sam se dovoljno i mogu da pročitam ime broda. *Marija Celesta.* Misterija mi je poznata, ali šta ću ja u njoj?

Trgovački brod *Marija Celesta*, tipa brigantin, isplovio je novembra 1872. godine iz Njujorka. Nosio je američki alkohol u Đenovu. Brod, kapetan sa ženom i kćerkom, i posadom, navodno nikad nije dospeo do odredišta. Nestao je.

Nekih pet ili više godina kasnije, Niče izjavljuje da je upravo video uplovljavanje *Marije Celeste* u đenovsku luku. Niko mu nije verovao. To svedočanstvo je čak izazovnije od izveštaja koji će objaviti Artur Konan Dojl po kome je misterija imala drugačiju verziju. Na to sad i ja. Ali, ovo nije starinski brod, jedrenjak, koji manevriše kroz luku. To je moderan brod sa motorima, i na njemu je požar. Da li i on nosi tovar od 1700 barela alkohola naravno da ne znam. Međutim, gori. Pumpe i šmrkovi na njemu rade punom snagom. Voda i pena šikljaju. Ne usuđujem se da se više išta pitam. Nalazim se u fantomskom svetu.

Ne mičem se i dugo posmatram brod koji gori. Na palubi rade ljudi sa maskama kao žuti mravi. Brizga pena. Dva vatrogasna brodića sa vodenim topovima pribila se uz *Mariju Celestu*.

Nelagodno mi je. Posmatram, a kao da i mene neko motri. Nema Japanca na vidiku. Nikog ko bi me gledao. Ali jesam pod prismotrom. Ne vara me želudac. Ne prijavljuje mi jedino kad je prazan, nego mi iznutra šalje signale o tome šta se zbiva oko mene. On je moj periskop. Upozorava me odlučno, i ja se zato udaljavam, obilazeći prolaznike u što god mogu širem luku. Idem, ali želudac ne prestaje sa signalima. Oči koje me prate mora da su sve vreme blizu.

Postoji li sredina između šapata i pomisli? Na toj sredini poručujem želucu „hop, hop". On se podiže i skače mi visoko, do grla. Kupujem mu, u prvoj prodavnici na koju sam naišao, tamne gumene bombone upakovane u vrećicu sa slikom sečenih grančica i korenčića. Takve stvari smiruju želudac. Koga boli, neka sisa. Prevrćem prvu bombonu u ustima. Grickam je kao da je nečija usna. Uzeo sam bombone jer su mi delovale afrički. Njihov ukus, njihov miris, mogli bi biti Violetini. Da jesu, našao bih je za minut. Nisu. Bombona mi ispada iz usta. Ni želudac nije siguran da li bi zbog tog trebalo da se naljuti.

Akvarijum. To će biti spas, utočište pred progonom. Uleteo sam u Akvarijum. Nemojte misliti da je to neki akvarijum u vašoj dnevnoj sobi, ili akvarijum u bašti. Ovaj je bio, da kažem najprostije, nešto veći. Bio je grad za sebe, podvodni grad, mislim veći od Torina, veći od Đenove. Kad bi sva stakla u njemu pukla, iz akvarijuma bi krenuo orkanski talas, ne manji od nekog kilometarskog cunamija na Pacifiku, vala za koji nijedna obala nije prepreka i kojim okean javlja svetu da mu se piša na njegovo kopno. Potopio bi sve ulice, ceo kraj, podavio sve živo, podrio temelje i porušio sve palate starog grada koje mi, do poslednje linije, liče kao da ih je nacrtao Rubens. Violeta će to bolje znati. Tako mi je izgledalo, kao da sam zaplivao preko potonulog kontinenta. Bio je to vodeni lavirint i ja sam trčao kroz njega, od svetlijih hodnika ka tamnijim, iz avenije u aveniju, među svim tim malim i velikim ribama, svim ribama svih mora na svetu, trčao sam kao bela zečica koju tera mrkodlaki napaljeni lisac, stalno osluškujući korake za sobom u mrtvoj tišini kadikad oživljavanoj dalekim glasovima posetilaca koji su u grupama, pribijajući se jedni uz druge, zagrljeni, zijali u gorostasne hobotnice i morska čudovišta. Zadihan, iscrpljen, jednom sam morao da stanem, pa šta bude. Našao sam se pred oknom iza koga je modra voda penila, a iz pene se na moje oči rađala užasna lepota ogromne čeljusti sa zubima poput mesarskih noževa. Gledao sam opčinjen. Pored mene je, dva ili tri metra dalje, zastao spokojni posetilac koji mora da je tek ušao u Akvarijum, i čiju senku sam nazirao na staklu pred sobom. Padala je na same čeljusti morskog zmaja i kao da su se senka i donja čeljust sestrimile meni naočigled u smrtonosan par. Nisam se usuđivao da se okrenem i pogledam. Ukrućen, sa obe šake držao sam se za remen torbe koji se usecao u moje levo rame. Ubrzo se senci pridružila još jedna. Čuo sam njihove grlene glasove, brzo razmenjivane reči, šapat. Vražji smeh ili jecanje. Između očiju poče da mi rosi znoj. Naglo sam bio zaslepljen. Munja. Blic fotoaparata?

Osetio sam vlagu na butinama. Upišao sam se. Možda sam ispustio desetak kapljica, ali bio sam umokren. Naočare su mi skliznule niz oznojeni hrbat nosa. Umesto da mi, dok starim, kratkovidost popušta, ona je sa godinama bivala sve izrazitija, i pre ili kasnije suočiću se sa sopstvenom ćoravošću. A sad sam sučeljen sa vlažnim gaćama.

Bezmalo naslepo sam uspeo da iziđem iz Akvarijuma. Hodao sam kao da sam krivonog.

Idući udesno i sve dalje od luke gde je do pre neki čas gorela *Marija Celesta*, kako bi moralo biti, sa teretom neprerađenog alkohola, držeći se koliko god mogu morske obale kao orijentira, prolazio sam mnoge ulice i uličice starog grada, uranjao u senke i pod arkade palata, i pomaljao se iz sve dužih senki poznih sati dana, i pronašao zaštićeno mesto, iza stare luke, za predah u traganju koje, iskreno, liči mi odveć na bežanje. Od koga bežim, nisam znao. Ko je taj Japanac i koga predstavlja, nisam znao. Ipak, spasavao sam glavu. U tome jedva da sam se dvoumio. Sumnju, ipak, nikad ne treba potpuno isključiti. Glava mi je mogla biti u pitanju. Da li sam bio na domaku nekog otkrića i trebalo me je sprečiti da saznam nešto što ne bih smeo da znam, ili sam već kao takav, na ovom mestu sveta, u ovom gradu koji odiše na toliko oprečnosti, bio opasnost koju je trebalo ukloniti, i to mi je mučilo dušu poput komarca koji nam u vrućoj noći obleće oko lica, zuji u ušima, dok mi žmurimo pokušavajući bezuspešno da zaspimo i pri tom sebe šamaramo. Mesto je bilo zaštićeno, sa kamenom klupom s koje ste mogli gledati more i sunce upravo u zalasku. Iza klupe, pružao se park sa stablima bugenvilije za koje mi sinu da ih u južnom primorju Jadrana, na srpskom, nazivaju bogumile. Dobro bi mi došlo da sam i ja u višnjoj milosti, makar na trenutak koliko će mi biti potrebno da se presvučem. Gaće i pantalone na meni su se već osušile tokom mog uspaničenog hodanja levo-desno, pretrčavanja ulica, lučke misterije, zastajkivanja kod palata, tobože im se diveći, u stvari ogledajući se, da se ne primeti, ide li neko za mnom. Imao sam, međutim, i dalje neprijatno osećanje upišanosti od zadaha mokraće koji je nalazio put ispod odeće, uspinjući mi se do nozdrva. Bilo mi je potrebno da me pokrije oblak na trenutak dok budem navlačio čiste gaće. Ušao sam među bugenvilije i cvetne zasade parka, zapazio oveće stablo starog bora oko koga se prostiralo gusto šiblje ruzmarina. Možda mi je molitva uslišena.

Otvorio sam torbu, zablenuo se u nju i na časak pomislih da je začarana. U njoj je bio veš, toaletna torbica i još koješta, ali ništa moje. Žensko rublje. Nisam mogao odmah da se priberem, čak tri ili četiri sekunde, a onda mi u omađijani mozak prodre zrak i opsetih se da je torba Violetina. Nosio sam je sa sobom od aerodroma.

Brzo sam, ne birajući, dohvatio jedne od njenih gaćica. Skakućući na levoj nozi, gologuz, nekako sam udenuo i desnu u nogavicu. Potapšah se otpozadi u neverici. Nisu malecne. Odgovarale su mi kao sašivene po meri. Najobičnije ženske gaćice, od žute svile, sa mekom gumicom koja nije stezala, spreda sa mašnicom, i sa čipkicom po rubovima. Hoću da budem iskren, jer je to jedini put da mi bude oprošteno, mada nema šta što bi trebalo da mi bude oprošteno. Zar zato što sam izgubio Violetu, ili zato što sam osetio da je volim ili što bih je mogao voleti, ili što su me noge, bez moje svesne želje, odnele pravo sa stanice među pustinjske kćeri, ili šta ti ja znam već zbog čega? Osetio sam se smirenije, nekako utešen, u čistim gaćicama. Vratih se na klupu na koju je, u međuvremenu, neki prolaznik već seo. Nisam ga ni pogledao, nego sedoh i ja. Ne može biti da je bio svedok mog presvlačenja. Ako i jeste, e pa eto mu ga.

Večernje nebo, morski vazduh, mesec maj je izmišljen za melanholiju koja je za mene prava reč za erotsko ludilo. To je nešto podjednako vedro i turobno. Pored parka, oko njega, pružale su se ulice sa kojih je dopirao stalan šum, poručujući da ništa što je ljudsko ne vredi uzimati previše ozbiljno, i na to ne treba smesta dodati „iako". Ne uzimati previše ozbiljno, i nema „iako" ili „i pored toga". Mogućno je samo ovako: ne uzimati previše ozbiljno, iako... i pored toga... *ono što je ljudsko ne vredi uzimati previše ozbiljno*. Kroz šum pokrajnjih ulica odjednom se probi zvonjava. Zvonilo je sa jednog od crkvenih tornjeva. Sunce je zalazilo uz odjek zvona. Ubrzo će se prvom zvonu pridružiti drugo, s nekog udaljenijeg tornja. To bi na Ničea delovalo istovremeno užasno i detinje bezazleno. Nisam očekivao da će tako delovati na mene, ali delovalo je, jer u taj mah prepoznah ko je sedeo do mene na klupi. Bio je to opet onaj večiti Japanac. To već nije moguće da je slučajnost, u ovolikom gradu. Kroz mene je prostrujala detinja užasnutost. Ja sam meta.

Sedeo sam i dalje, trudeći se tokom tih trenutaka ne da ga ne gledam nego da on ne primeti da sam ga ja primetio i prepoznao. Ne gledam ja njega, ne gleda on mene. Prstima ispod torbe pokatkad dodirnem i pomilujem gaćice. Sedeli smo još i kad je sunce zašlo, a onda sam, sve kao posmatrajući zvezde kojih nije bilo na svetlom nebu, čak ni Marsa, i uzdišući tobože duboko, proteglivši se, ustao, veoma lagano zabacio torbu na rame i otperjao pod teretom svetlosti sa obližnjeg električnog kandelabra koja me je gurala u leđa. Što sam se više udaljavao od klupe pravio sam sve veće korake, i sve brže i brže. Lučki svetionik bi, kao probuđen, pokadikad zasvetlucao.

Još dugo sam tumarao ulicama, opirući se da se uputim na bilo koju adresu. Ni bordeli, ni Ničeov stan, ništa me nije privlačilo, uveren da me i tamo čeka Japanac sa njegovim ogromnim naočarima u okviru od kornjačevine.

Pred ponoć sam uleteo u železničku stanicu iz koje sam izišao pre desetak sati. Očima sam nervozno šarao unaokolo. Japanca nije bilo, ili nisam bio kadar da ga prepoznam među putnicima koji su žurno izlazili na neki od perona. Tražio sam automate za karte. Dotrčah do prvog. Izabrah engleski meni. Mahinalno sam otkucao Đenovu kao cilj putovanja. *Izaberite drugo odredište,* pročitao sam odgovor na ekranu. Ponovo sam izabrao Đenovu. Ponovo isti odgovor. Šta mi tu neki glupi automat preporučuje kuda da idem! Nije verovatno, ali možda treba izabrati punu relaciju: Torino – Đenova. Ukucah *Torino*. Ne stigoh ni da dodam *Đenova*, a automat me obavesti o polasku voza *Modiljani* i zatraži novac. *Modiljani* je polazio za desetak minuta.

Cak cak cak tak tik tak, radila je moja mašina u glavi kao automat za kockanje, tragajući za kombinacijom koja bi mi objasnila šta je u pitanju sa svetom ili sa mnom. U mozgu mi je ključalo. Dobitak! Konačno, dobitak. Slike su se poklopile. Zgrabio sam voznu kartu i metalni kusur, i pojurio prema peronima. Dobitak! Sve mi je postalo razumljivije. Jedina mogućnost je da sam ja već u Đenovi, i da sam ceo dan bio u Đenovi, i to je razjašnjavalo Deolino podsmešljivo čuđenje, kao i more, luku, akvarijum, *Mariju Celestu*. Pa da, Đenova je na moru!

Bio sam pometen, ali moja zabluda nije nepopravljiva. Bodrim sebe: stara sam ja koska. Prikupljam ostatke svoje istanjene hrabrosti. Još nisam gotov. Ko god da mi je za petama, više neće biti.

Jedva jednom idem u Torino. Na dobrom sam putu i moraću nadalje da budem obazriviji. Tamo je Violeta koja me čeka i čezne, tamo je Ničeov duh raspet između najvećeg osećanja sreće i najtežeg udara nesreće, duh raspolućen, a tamo je i mesto moje misije: spojiti raspolućeno, obnoviti trenutak duhovnog rasturanja i, posle stotinu i petnaest godina, isceliti dosad nezaceljeno. Torino, mesto njegove najveće sreće. Svojim hodočašćenjem spasti filozofa iz konačnog sifilističnog zanosa koji će mu oduzeti jedanaest poslednjih godina od onog što je on bio i jeste. Da, to! Uz to, tamo neće biti Japanca progonitelja. Odahnuću. Naći ću Violetu i reći joj da sam njen ako me hoće, da čak nisam ni otišao do kraja i probao đenovske kurve, i da mi je za to snagu dala istinska ljubav prema njoj, prva prava u mom životu. Osetio sam kako mi se njene gaćice postupno zatežu oko bedara. U njima sam. Kao da sam u Violeti. Drugo ništa i ne želim na ovom svetu. Odanost i ljubav, jedino to, i šansu da Fridrih Niče preboli torinski trenutak svog ludila i doživotno ostane ono što je postao sa svim onim kako je to postao, pa i sa đenovskim muškim bordelima u kojima je zaražen.

Ne bih rekao da se stvari ponavljaju u večnom vraćanju istog, ali poneki događaj nije bez podudarnosti koju ne umemo da protumačimo, pa takva ukrštanja nazivamo kob. Dotle sam došao u razmišljanju, u *Modiljaniju*, uz italijansku muziku, i dalje nisam mogao, osećajući u sebi, sa ulaskom u voz, breme svih dnevnih doživljaja koje sam preturio preko leđa. Kloparanje me je uljuljkivalo, i mogao sam da odahnem, bila to kob ili ne. Ubacujem dve bombone u usta. Ovog puta prepoznajem njihov ukus. Tako davno sam ga probao da sam ga i zaboravio. Kora sladića. Po dijagonali vrećice je štampano *Liquirizia*.

Realno sagledavši stvari, ne znam da li je kob da sam duduk za italijanski. Na aerodromu sam uleteo u prvi voz. Kondukter je pogledao u moju voznu kartu, rekao mi nešto veselo, a ja sam ga gledao belo. Moje jadno poznavanje italijanskog jezika sastavljeno je jedino od pozdrava *bonđorno, bonanote, arivederči, ćao*. Da, i *amore, amore*. Uverio sam se da Italijani baš i nisu skloni engleskom, nemačkom ili srpskom jeziku. Logično. On je slegnuo ramenima, vratio mi kartu i otišao. Još sam za njim zahvalno i ponosno doviknuo *gracije, gracimile*! To sam naučio sa pametnjakovićima koji su digli uzbunu oko nevelikog fena. Opipao sam ostatke fena u džepovima, dok sam kondukteru govorio hiljadu puta hvala, i nažalost, usred dana, zaspao. Ili konduktera nije ni bilo osim u snu. Ili sam prosto i kobno promašio Torino. Moje ime je *Marija Celesta*, okeanski brigantin za koji neko tvrdi da je uplovio u đenovsku luku, a drugi da su se na njemu uskladištena burad sa sirovim alkoholom zapalila i eksplodirala već u vodama kod Bermuda.

Bilo je to *an eventful journey;* za Ničea je, pretpostavljam, to putovanje moralo biti i dramatično, ne samo nakrcano događajima. Ni na jednoj fotografiji se ne smeši. Smešak. To je nezamislivo. Grohot? To bi već ličilo na njega, ali kao grohot sudbine. Početkom aprila 1888. godine, Niče putuje iz Nice, svog zimskog boravišta. Prvi put kreće u Torino. Pogrešno preseda i... evo ga u Đenovi! Tek sutradan hvata pravi voz i 5. aprila je u Torinu koji ga oduševljava; u njemu nalazi vrhunsku sreću, kaže. Grad je baš po njegovom srcu. Zato se najesen po drugi put naseljava u njemu. Iznajmljuje stan opet u Ulici Karla Alberta 6. Na trećem spratu. Njegov stalni prtljag su odeća, knjige i klavir.

Ako je ta kob pogrešnog presedanja u voz koji ne mari za naše omaške ili kratkovidost najzad, vrebajući tolike decenije, dočekala i zaskočila i mene, onda je sve normalno i objašnjivo. Umesto u Torino, otputovao sam u Đenovu, verujući da putujem u Torino. Neka na tome stvari ostanu. Zaboravljam da je ta kob mogla biti izazvana i mojom zbunjenošću usled zaljubljeničke usplahirenosti i iznenadnog nestanka Violete. Bio sam i neispavan, kao što sam sad još više. Bio sam i raspet između strasti da živim i volim i izabrane dužnosti da oživim Ničeove kobne tragove. Bio sam smožden u pokušaju da pomirim te dve strane koje su me raspinjale. To je, ipak, završeno. Stvarno putujem u Torino. Ja sam običan putnik, a tome ne treba da pripisujem neki naročiti značaj.

Ponoć je uveliko prošla i u taksiju mi je glava svakih nekoliko sekundi padala na grudi. Izustih *Kontinental!* A onda sam se sve vreme vožnje, klonuo, borio da ne utonem u duboki san. Ništa mi nije pomoglo ni spavanje u vozu. Tad sam samo jednom, bunovan, skočio kad je voz stao na stanici, a ja pomislio da propuštam silazak. Bila je, ipak, ponovo Aleksandrija.

Kontinental, govorio je vozač i vukao me za rukav. Sanjivo sam mu platio i, ne zaboravljajući svoje namirisano blago, izišao sa torbom. Sveža noć mi je pomogla da se razbudim. Pogledah uvis, na kamenu tablu. *Genova.* Zar opet Đenova! Kob nastavlja sa svojim poslom. Taksija iza mene više nije bilo. Ali, moj

Kontinental je u Torinu! Mora da postoji i u Đenovi. Svaki grad na kontinentu ima svoj *Kontinental*. Da li mi to kob, smatrajući da sam nepokoran, drži lekciju koja na kraju neće biti jeftina?

Predstavio sam se i zatražio sobu. Ispostavilo se da me soba već čeka. Nema me odavno. Gde sam? Pa pustio sam sebi da me srce vodi i malo sam lutao, rekoh, ni ne zapitavši se, onako smrvljen, o čemu je reč.

U sobi, više mi san nije dolazio na oči. Magla mi se raščistila. Preturam po Violetinoj torbi. Možda ću u njoj naći neki putokaz do nje. Bočica sa mirisom, na prskanje. Udišem ga i udišem. Jeste onaj, a i nije. Neka pumpa, dugačka tridesetak centimetara, nejasne namene. Ili je to klistir? Ne znam. Pantalone nalik šalvarama. Nekoliko pari čarapa, crnih, mrežastih, sa šavom, i par crvenih sa prugama. Steznik sa žabicama za čarape. Stavljam ga na stomak. Bio bi mi taman. Noćne kreme za lice. Dve triko-majce, kratke. Jedan bodi sa zakopčavanjem između nogu. Džemper sa V izrezom oko grla. Duks od šarolikih zakrpa. Suknjica crna, ali ne somotna. Par četvrtastih sandala sa visokom potplatom od plute. Kapa za sunce, sa dve rupice i džepićem. Prekidam. Nije u redu da to radim. Nikakvih dokumenata nema. Uzorci knjiga o kojima je govorila, makete ili slično, mora da su joj u ručnoj torbici, za koju sam zapazio da je prostrana. Sve važno je kod nje.

Najbolje da prošetam. Pođoh osvetljenim ulicama, u smeru još osvetljenijih ulica. Posle sat vremena hoda, ulice se pretvoriše u bogatije, zdanja poprimiše neki metafizički karakter, obasjani mrtvi trgovi izduživali su mi senku u beskonačnost. Grad noću nije nimalo ličio na grad koji sam upoznao za dana. U nosu mi je planinski, a ne morski vazduh. Kao da je to bio neki drugi grad. Možda ovde gradovi menjaju svoj izgled zavisno od tog da li je noć ili dan. Ili sam dospeo u ko zna koji grad koje se takođe zove Đenova, a nije Đenova u kojoj sam juče bio.

Noge su me opet instinktivno dovele na šetalište sa ženama, ali to nisu bile one crnkinje, niti Deola Dinka Dina. Neke druge, smrznute, krute, nesimetrične. Ove love automobiliste koji, sa usklicima *forca forca,* love i gaze pešake. Nikakvih kurvinskih čari. Na svakom uglu, dok sam se polagano i oprezno kretao duž Korza Masima Dazelja, razočaranje za razočaranjem, u jednom ili dva primerka. Svaku pitam pošto. Nije skupo. Ali to što nije skupo, u stanju je ne boljem od fena u mojim džepovima. Bilo je to kao galerija sa pogrešnim slikama, možda falsifikovanim, ili pogrešnim majstorima. Na svakom uglu sam čitao nazive ulica. Ulica Đota, Ulica Mikelanđela, Korzo Rafaela, Ulica Donicetija, Ulica Petrarke.

U noćnoj poslastičarnici, polizao sam tri kugle sladoleda, od kestena, susama i urme. Dan i noć nisam jeo ništa osim kifle u avionu i crnih bombona. Malo sam lizao, a više grizao i gutao sladoled. Da samo u njemu nije bilo toliko šećera koji ne trpim.

Tako do svanuća. Švrljao sam nepoznatim gradom, neprimećen, rasterećen, sekao ulice, tako da nisam bio ni u jednoj duže od tri minuta, pretresao tamu, pa i pomišljao da sam zauvek izgubljen i da nikad više neću naći ni Violetu ni ispuniti misiju.

Krenuli su prvi jutarnji autobusi i tramvaji kad sam se opet našao pred ulazom u *Kontinental*, sa kamenom tablom na kojoj je jasno, na dnevnom svetlu, pisalo *Via Genova*. Hotel je u Ulici Đenova, 2. I ovo je Torino, i ja sam živnuo, otresavši iz duše beznađe koje me do maločas sve proždrljivije izjedalo. Od noćnog portira koji se spremao da ode, uzeo sam plan grada. Za svaki slučaj pitao sam da li sam u Torinu. Nije pokazao da je uopšte iznenađen pitanjem.

„Torino? Da, svakako. Uvek je Torino."

„Ne Torino Đenova?"

„Nikako. Torino Fiat, Torino Juventus."

Tek mali znak iznenađenosti se pokazao na njegovom licu kad sam ja šumno odahnuo. Nisam pošao liftom. Ustrčah stepeništem.

Zbacio sam svu odeću sa sebe. Pevušio sam: *Torino nema mora, Torino nema mora, srećan sam zbog toga, jer je on na reci Po.* Samo sam gaćice skinuo sa najvećom pažnjom. Pored njih sam položio delove mog srećnog nesrećnog fena. Srce mi je na časak zaridalo, ali sam stisnuo zube. Sve me još čeka. Sva radost. Tuširanje. Tuširanje. Tuširanje. Počinjao je veliki dan. Navukao sam čiste gaćice i obukao triko iz Violetine torbe. Ovog puta sam uzeo gaćice u boji koju nisam dotad poznavao. Kao da je električna: elektrik-plava. Njihova boja me već puni strujom. Triko je malo tesan. Još bolje. Biće mi toplije. I kratak je; ni njoj valjda ne dopire do pupka. Morao sam da se poslužim i njenom četkicom za zube. Onaj klistir nisam dirao. Uzeo sam i šareni duks. Natukao na glavu kapu za sunce, kao da ću na kupalište. Silazim na doručak. U malenoj sali, još je rano, nikog, osim dvoje, debeljuškasti muškarac i devojka okrenuta mi leđima. Violeta. Govorili su italijanski, a u njenom glasu čuo sam zadovoljstvo, kao da mu tepa. Uzbudio sam se. Da nije druga, samo nalik njoj, kao što je to bila Deola Dinka Dina? Violeta. Miris koji sam osetio, govorio je nedvosmisleno. Tiho sam odstupio prema vratima i izišao. Izišao sam na ulicu i u obližnjem kafeu naručio čaj od nane i brioš. Sedeo sam. Niti sam pio niti jeo. Platio sam i vratio se u hotel. Ušao sam u salu za doručak. Nije bilo nikog. Ni Violete. Popeo sam se u sobu i tamo pušio. Žao mi je bilo što nisam bio popio čaj.

Po izgledu i držanju, rekao bih da je imao težak korak. Puno stopalo je polagao na tlo. Išao je on po gorskim stazama. Mogao je, pretpostavljam, da ide i na prstima i da se vere po liticama, ali to je mogao jedino u svojim mislima. Inače, njegov težak hod mora da je izazivao mikropotrese na tlu. Kao da je tlo od leda, tankog, ili taman onoliko debelog da može da izdrži čoveka koji ide po njemu, s tim da se istim putem više ne može vratiti, jer bi led drugi put da gazimo po njemu pukao. Išao je ovim pločnikom kojim idem. Pukotine su se otvarale pod njegovim nogama. Možda je to prazna priča, ali će vam svako ko je čuo za bangavi pod u kafeu *Fiorio,* reći da je priča još kako istinita. Neravnine i ugnuća poda u tom kafeu potiču od Ničeovog hoda, kažu. Sedim u *Fioriou* i pijem svoj čaj od nane. To je nagrada mom želucu za odanost.

Takvim hodom je ulazio u stvari i ljude, videći u svemu i svakom lavirint. Nemački *Irrgarten*, vrt lutanja.

Lutam ulicama kao što je i on lutao, uvek sa beležnicom pri ruci. Ja ne pišem, samo lutam i gledam i njuškam. Sve što možemo da smislimo važno o svetu, nalazimo na ulici. Bio je ulični filozof. Mislio je na ulici. Što bi otkrio na ulici, istog trena bi zapisao u beležnicu. Na ulici je pisao svoje aforizme, sastavljao nacrte pisama, zapisivao troškove i obaveze, komponovao muziku, beležio odlomke viđenog, oslušnutog, omirisanog.

Torino je stvoren da bude jedan od lavirinata. *Irrgarten*, to je njegov rudnik sreće. Silazim Ulicom Po do reke. I tamo legnem na klupu i gledam u nebo. Onda gledam preko reke. U vrbake i patke.

Sve je ovde znak. Svaku slučajnost primam kao znak i taj znak sledim ma kuda me odveo. To je jedini način da dospem nekuda. Tako najbolje ispunjavam svoju misiju. Puštam je da takoreći sama odlučuje o svom sadržaju, da sama izabere svoj oblik, pa i da mi presudi da li sam kadar za nju ili nisam. To sam naučio u Torinu. U srcu odjednom znam da nisam kadar za tu misiju. Nije mi više stalo.

Idem obalom, uz tok. Potom se vraćam jednakom brzinom kojom teče reka. U Vergilijevoj alejici, koja zadire u priobalni park, na papiru iz kutije od cigareta prvi i poslednji put zapisujem svoju ceduljicu iz ludila u ime Ničea. To je moje rešenje. Niko ga neće naći više u njegovom lavirintu, kao ni mene u mom. Bacam je u vodu koja je nosi dalje, lavirintskim okukama, možda sve do ušća ili će je nasukati na pesak, ili razgraditi, i niko neće saznati šta je na njoj zapisano. Ni ja to više ne znam.

Reka je pusta. Samo jedan peskarski šlep plovi sa fenjerom upaljenim na pramcu. Dan je, a fenjer upaljen. Na planu grada tražim staru sinagogu. Nije upisana. Ali, Pjaceta Prima Levija postoji u iščašenom Torinu, i sinagoga je tamo, na Pjaceti. I to je znak grada koji je, kad odmaknem plan od očiju, po obrisu odvijač za zavrtnje. Ili je Levi, kad je to rekao, mislio na nešto manje vidljivo? Prošao sam pored kuće na Korzu kralja Umberta, u kojoj je Levijev porodični stan. U njemu se rodio. Potom mu je adresa bila: Aušvic. Vratio se kući kao mrtav i živ. Onda je skočio, onda se slučajno strmoglavio preko stepenišne ograde, onda je gurnut. U vezi sam sa njegovim duhom, ali on neće da mi da znak kako je Primo umro pošto je već jednom umro tamo odakle su jedino mrtvi, čak i kad su navodno preživeli.

Da li sad u stvarnosti vidim ono što sam mogao da izvučem jedino iz knjiga? Smrti je oko mene prošlih godina bilo na pretek i ja sam se, sklon nesavremenim razmišljanjima, zadubljivao u knjige. Do kraja prošle zime sam bio opkoljen knjigama koje su postale za mene sve i moj svet je imao geografiju sačinjenu od njih. Nije čudno da je u takvom svetu, mislim, Torino bio na moru, jer u takvom svetu sve je mogućno, sve stvarno. I u ovom svetu je sve stvarno, osim knjiga.

Ako sam se konačno odrekao knjiga i krenuo na put, bio je to nevini i neiskusni pokušaj da knjišku geografiju oživim injekcijama fizičke geografije. Sve mogu da opipam i vidim, a nisam dospeo ni do čega: i ovaj svet, sa svim što u njemu doživljavam, sa ljubavima, strahovima, nije li tek navodno stvaran? Šta tražim u njemu, koga tražim? Violetu? Ničea? Reći *da, da,* moglo bi biti fatalno. Za mene bi fatalno bilo i da kažem *ne.* Onda sam u pustinji. Neka budem gde god da jesam.

Trg Karla Alberta. Tu je stanovao. Tamo kod ugla, u istoimenoj ulici koja preseca Trg, sa pogledom na Trg i, ponad njega, na Supergu, brežuljak nadvijen nad gradom. Nakratko podignem oči put prozora sa erkerima, ne mareći da li sam video pravi, na trećem spratu. Tu je i pao pred Novu godinu, na Trgu, i tu se javio neopozivi znak njegovog sloma. Sve je to poznato i nisam zainteresovan jako kao što sam to možda bio juče. Žudim za životom. Za dan se sve prevrnulo u meni. Još jutros sam bio sav napaljen. Više nisam. Splasnulo je u meni uverenje da sam upravo ja predodređen za misiju spasavanja stvari i bića davno izgubljenih. Međutim, ne odlazim; i kuda bih?

Kasno popodne sedim na klupi ispred Univerzitetske nacionalne biblioteke odakle vidim ceo Trg. Na drugoj strani Trga je Nacionalni muzej preporoda. Pijuckam vodu iz bočice kupljene odmah niz ulicu. Popušim poneku cigaretu. Sisam bombone. Godi mi već njihov neobičan ukus. Leči mi i želudac od praznine, i hladi grlo. Prolazi autobus 61, onda tramvaj broj 18, i dok ga posmatram, krajičkom oka registrujem sa strane senku. Okrenem se. Preda mnom stoji Japanac. Još je u svom jučerašnjem odelu od tvida sa dezenom zvanim riblja kost, i sa rancem. Obraća mi se, a ja zanemeo. Govori engleski, ali ga ne razumem. Ne znam da li da bežim ili se suočim sa nevoljom. Blesavo se osmehujem Japancu. Nekoliko puta ponavlja istu reč i pokazuje nekuda rukom. *Arteindue*, kaže. To čujem jasno. Govori mi kao da se prvi put vidimo, kao da se nismo sreli juče i danas bar deset puta, kao da me ne prati sve vreme. To je nadmoć, mislim, leden čova, pravi Japanac, spreman da umre za cilj. Ne možeš takvom umaći. Da sam se pretvorio u pticu, on bi mi ipak bio za petama, ptičjim petama. *Arteindue, arteindue*, opet ta reč. Šta mu je to? Lozinka? Ako je lozinka, onda je pogrešio osobu, jer ja ne znam odziv na tu lozinku. Nisam ja iz te terorističke bratije, bez obzira na raskvareni fen, pored gaćica, u sobi, i čiji bi delovi, da ih nisam ostavio, pomišljam, mogli u krajnjoj nuždi da mi posluže za odbranu. *Arteindue?* Čuješ, sorto zaverenička i paranoidna, nisam ja za tu *arteindue*, htedoh da mu viknem. Likvidirajte me, i dosta već! Nem sam, grlo mi stegnuto, samo se blesavo osmehujem i klimam glavom. *Arteindue!* Kao da gubi živce, i to je rekao već prilično glasno. Nikog oko nas. Nikog ko bi mi mogao priteći u pomoć. Šta bi sad crni Niče uradio? Ne bi valjda pao u svoj ludi trans. Meni pada na pamet da bi trebalo da iz džepa izvadim, ne fen, nije tu, da izvadim ceduljicu, zaboravivši da ni nju nemam, na kojoj sam pokušao da oponašam šta je Niče, već obuzet ludilom, mogao da napiše kao raspeti Hristos, Dionis ili Volter.

Zaista uspevam da iščeprkam neki papirić iz Violetinog duksa, čak uspevam da progovorim, ma koliko nerazgovetno, da izgovorim samo jednu reč *Wahnsinnszettel!* Cedulja iz ludila. Izvučeni papirić, pošto vidim da su na njemu nacrtana dva preklopljena srca u dve boje, gužvam u kuglicu i ubacujem u usta. Japanac, kao da sam rekao čarobnu reč, promeni jezik i progovori nemački. Govorio je tečno, brzo i sa dobrim naglaskom. Ne znam šta je govorio. Učinilo mi se da sam božanskim ili magarećim slučajem pogodio iglu u kosmosu. Ne mogu da verujem, ali kao da sam pogodio odziv na lozinku *Arteindue*. Nesiguran kuda me ceo ovaj strašni nesporazum može odvesti, odvažih se, grlo mi se opusti, i rekoh: *Wahnsinnszettel Arteindue?* Japanac se raspilavio. Tako mi izgleda Jovičino lice kad ga tobože usredsređeno slušam. Pokloni mi se i gotovo mi se učini da će me zagrliti i poljubiti, taj Japanac mučitelj. Razvezao je priču u kojoj se neprekidno vraćao par reči *Wahnsinnszettel Arteindue, Wahnsinnszettel Arteindue*, kao refren koji određuje takt i ritam njegove nerazumljive priče. Bojeći se da ga ne pratim dobro, govorio je naizmenično nemački i engleski, sve kao prevodeći ono što kaže na nemačkom na engleski jezik, ili obrnuto. To su jezici koje navodno i ja govorim, ali strah koji me još drži, iskomplikovan novom dimenzijom da sam, po svemu sudeći, nemogućnom igrom slučaja odgovorio na njegovu lozinku, sprečava me ne samo da govorim nego i da razumem šta Japanac govori. Dobro da mu ne kažem nešto i na francuskom jeziku, jer bi on krenuo da mi govori na sva tri jezika uzastopno dok bih ja blenuo poput teleta. To nije živ čovek nego živa Vavilonska kula i svaki čas mogu da očekujem da će se obrušiti na mene.

Ne razumem ga šta mi priča, ali mi jezik nije više drvenast. Savijam ga i uvijam u ustima. Odjednom u ustima napipam papirnu kuglicu. Raskvašena je. Mislim, meka bombona! Gutam je. Onda krenem polagano, pazeći da mi se jezik opet ne oduzme:

„Hoćemo li da pregovaramo? Moj predlog: da odete, a ja ću sutra ponovo doći, mada nisam onaj koga tražite. To je koban nesporazum."

Sad kao da on mene ne razume. Potpuno me je pomeo. Brljam govoreći. Nema šanse da bi pao na bilo kakav moj predlog da digne ruke od mene i dozvoli mi da se ovakav nikakav izvučem ispod njegovih kandži. Jeknuo sam: „Suši, suši."

Ne znam šta mi je bilo da sam spomenuo jedino japansko jelo koje znam. Valjda kao u znak svoje miroljubivosti i molbe da me se okane. Ili sam pokušao da obesnažim svoj prethodni odgovor na njegovu lozinku i na taj način se izvučem iz klopke u koju sam upao. Da bih ojačao drugu mogućnost, skupih snagu i polako, kao da sam svedok na sudu, izjavih: „Suši arteindue."

Japanac se na časak zamisli, kao da je igrač goa ili barem šahista kome predstoji da odgovori svojim potezom na moj neočekivani potez, mada je taj potez, među nama rečeno, bio apsolutno nesuvisao. On se blagonaklono osmehnu i reče: „Pesto arteindue."

Ja, opet: „Suši."

On: „Pesto."

Ja: „Nori alga u listovima, lepljivi pirinač, pirinčano sirće, šargarepa, praziluk, losos, šećer, so, vasabi."

On: „Bosiljak, pinole, parmski sir, maslinovo ulje, beli luk, crveni biber."

Ja: „Sašimi."

Još se ne snalazim i dodajem kao objašnjenje: „Sa morskim plodovima."

On: „Sa slatkim maslacem."

Skoro od samog početka nismo uvek ni ponavljali osnovne sastojke, nego često navodili tek najpresudnije dodatke ili zamene. Nije bilo varanja.

Ja: „Nori, pirinač, pirinčano sirće, špargle, šitake, šećer, so, vasabi, đumbir."

On: „Umesto pinola, pistaći."

Ja: „Kao ćufte."

On: „Bosiljak, paradajz, beli luk, balsamovo sirće, limunov sok, peršun, so, crni biber."

Ja: „Sa tunjevinom."

On: „Bosiljak, suncokretovo seme, parmski, maslinovo ulje, slatki maslac, beli luk."

Ja: „Losos u sakeu."

On: „Kuvani škampi, mesna kaša, korijander, čili, limunov sok, ulje."

Po meni, suši je umetnost maksimalizma. Pesto, umetnost minimalizma. U našoj situaciji, moglo je biti i obrnuto. Ja sam se skupio, najradije bih da me uopšte nema. A on, hladan, nadmoćan, na svom terenu, pa se baškari.

Ja: „Kao morska zvezda, sa tunjevinom i rakovima."

On: „Brokule, na suncu osušeni paradajz."

Ja: „Rolna u duginim bojama."

On: „Toskanski, sa keljom, belim lukom, maslinovim uljem i soli ko voli."

Ja: „Čili, majo, slatko pirinčano vino, riba lastavica, mladi luk, limunov sok, tunj, tenkasu."

Bili smo kao sumo-borci u zagrljaju koji lomi kičmu. On me zašrafljuje, ja ga odšrafljujem. On sumo, ja sumo. Ja sedim, on stoji. Kad bih ustao, znao sam da bi me noge izdale. I ovako su se tresle. Držao sam ih čvrsto za butine. S nogu mi je tako treskavica prešla na ruke i grudi. Podrhtavao sam poput jasike u oluji, svaki čas pomišljajući da ću da se prelomim i pružim po tlu, a čak i onda bi vetruština nastavila da me nosi i kovitla, rasipajući sve od čega sam sazdan.

Naš bespoštedni košlac je mogao trajati tri dana i tri noći, budući da je broj varijacija za suši i pesto praktično beskrajan. Ovu ludost smo morali da okončamo. Moj želudac je bio, blago rečeno, na milimetar do kome.

On: „Peršun, pinole, osušena majčina dušica, limunova kora, limunov sok, maslinovo ulje."

Ja: „Temaki."

On: „Sa paradajzom osušenim na suncu, kalamata maslinkama, slatkim crvenim biberom, bosiljkom, belim lukom, balsamovim sirćetom, maslinovim uljem i crnim biberom."

Ja: „Nudle od semena, sa uljem od vasabija i sojinim sirupom."

On: „Morska košer so, miso."

Kad on reče „miso", ja pobednički uskliknuh. On me paćenićki i upitno pogleda.

„Miso, japanski", rekoh mu. „Soja, morska so, fermentacija."

On diže kažiprst, a paćenićki izraz nestade mu sa lica. Ukrućenim kažiprstom mi je, ne pomerajući celu šaku, pred nosem mahao levo-desno. „Ne, ne", konačno progovori. „Ne mora soja, može ječam, može smeđi pirinač. To je svetski."

Jest svetski, pomislio sam sa zluradim prelivom, da ne bude da su Japanci sve izmislili u pogledu delikatne i zdrave ishrane.

Nastavljali smo borbu koja je već trajala više od sat vremena. Više i ne pamtim sve naše poteze i ubode, ali brojao sam svaku sekundu. Prolaznici se okupljaju oko nas. To je donekle dobra strana u našem rvanju. Nekako sam zaštićen. Mislim, tu su svedoci, pa me neće valjda likvidirati na tolike oči. Istovremeno mi je jasno da to nije nikakva prepreka. Ne bi me spasao ni Isusov mrtvački pokrov, bio lažan ili autentičan, koji se čuva u Torinu.

Iz mase kibicera čuli su se i navijački pokliči: *Avanti, avanti Torino, forca Italia!* Turiste bolje razumem i primam: *Go Japan, go all out, fuck him, fuck him like a bunny!* Japan sam, naravno, bio ja. Branio sam boje sušija.

Ja: „Dugina rolna sa kivijem, uz vasabi ili hren, sojin sos i đumbir."

On: „Crveni biber, peršun, boranija, spanać i tako dalje."

Ja: „Čiraši-suši."

On: „Pomorandžin sok koncentrisani."

Razmenismo još nekoliko desetina sastojaka i dodataka, i ja osetih da me snaga napušta. A na Japančevom licu, i dalje ništa. Ni da se trzne. Netaknuta mirnoća profesionalnog ubice. Ni graške znoja. Kao mašina. Kao ono kad je ćapio crnkinje za sise, a one orgazmički vrisnule.

Moj želudac je počeo glasno da kukumavči i ječi. Počeo je da vari sebe. Javlja da ga otpišem, da više ne računam na njega, raskidamo sve ugovore. Prazan je, a sušija i pesta oko nas na tone, u svim bojama. Još malo pa će pasti u samrtni hropac.

Polako i neizbežno sam gubio početni zalet. Osećao sam da ću ubrzo pokleknuti, a onda će me ovaj jakuza ćapiti i ima da se koprcam i vrištim sve dok me ne smakne. Morao sam da rizikujem. Srljao sam.

„Rečna svinja", uzviknuo sam slavodobitno.

On, ni da migne, drži tempo: „Osnovno, sa paradajzom i bademom."

Ja: „Futo-maki."

On: „Trolisni, sa bosiljkom, nanom, peršunom."

Uzvraćao mi je nadmeno i sve nadmenije. Običan naduvenko, pomislio sam u nemoćnoj srdžbi i sa smanjenim strahom na šta će sve ovo izići. Morao sam da nastavim sa rizičnom igrom i setih se najskuplje japanske ribe, i najotrovnije. Ljudi pohađaju specijalne kurseve za čišćenje i spremanje te ribe. Japanski ili kineski naziv *fuku* ili tako nekako. Ona bi mogla biti kruna mog sušija. Rekoh:

„Naduta riba prdavica!"

Gledao me je najpre zblanuto, mrmljajući kao u odjek mojih reči, *puffer fish, blow fish*. Čitao sam mu iz očiju da sam povukao pravu stvar. Pogodak je bio očigledan. Gledao me je sa nevericom i bezmalo sa divljenjem, kao da sam njega lično izrezao u dugačke trake i stavio u suši.

„Pregovaramo?" pitam ga. „Može remi?" Sa strepnjom sam čekao da odgovori. Bila je to brzopotezna partija u sto dvadeset minuta, između njega kao đenovskog pesta i mene kao japanskog sušija. Kao samurajski sudar zastupnika dve protivstavljene kuvarske škole. Činjenica da je on izabrao pesto, italijanski umak, kazuje jasno da je njegova navada na mene zabuna. U meni je video Italijana, i to đenovskog. Ali, njemu to ne dopire do mozga, ili smatra da to više i nije bitno. Ako je pogrešna isporuka, misli, pa šta onda! Na poštaru je da uruči i ispuni svoj ugovor, a primalac ima da primi, dopalo mu se to ili ne dopalo. Beznačajno je čije ime stoji na toj omotnici smrti.

Gledao me je ispitivački. Bio je stvarni pobednik. Obojica smo to znali. Ćutke me je gledao. Onda reče samo jednu reč, tvrdu i bespogovornu, i to u najčistijoj samurajskoj modulaciji. Odsečno i promuklo, iz dna pluća:

„Arteindue."

Ponovo strujni udar. Kao da mi je izrečena smrtna presuda, ali ovog puta bez ikakvog prava žalbe. I to je izrečena nabusito. Nikakav mi suši tu više nije od pomoći, ni pesto.

Japanac se zatim nakloni i dostojanstveno udalji, kao da smo najmirnije razmenili jedino „dobar dan". Otišao je da pripremi završni čin, puklo mi je u glavi. Uklonio se da ne smeta predstojećoj egzekuciji. *Arteindue*. Bio sam mrtvac na odsustvu. Kibiceri se rasturiše dok sam trepnuo.

Sedeo sam još na istom mestu kao i pre ovog mahnitog nadmetanja. Onda više nisam sedeo. Osetio sam vrtoglavicu. Kljoknuo sam.

Prućih se po klupi. Mora da sam se onesvestio. Ipak, čak i da sam bio u nesvesti, videh sebe kako padam i grlim konja oko vrata, išibanog, koji pokušava da ustane. Ne uspeva. Ispod potkovanih kopita, tokom njegovog uzaludnog napora da se uspravi, sve sevaju varnice ukresane na kaldrmi. Obisnuo sam mu se o vrat sav krvav od biča i cvilim „brate, brate". *Tvoja misija je ispunjena*. Tu poruku vidim u ogromnim očima izmučene životinje na navodnom Trgu Karla Alberta, u navodnom Torinu. Pogledajte u oči svih koji umiru i videćete sapatničku poruku samo vama namenjenu.

Popio sam svu vodu koju sam još imao, polivši se po bradi i grudima. Morao sam smesta da odem sa Trga, makar i bauljajući. Uhvate li me, neće ni pogledati poruku u mojim očima. Samo će me pojesti mrak. Verovatno nikad neću ni saznati, zaključivao sam, ne samo šta je Japancu trebalo da upravo meni govori *arteindue*, nego šta taj izraz uopšte znači, ako nešto znači. Štaviše, počeo sam da svuda po trgovima i ulicama vidim ispisano *Arte in due*. Plakati u boji, i na njima *Arte in due Arte in due...* Slova mi igraju, udvostručavaju se, poslednja odjekuju, kobno se preobražavajući, *Arte in due Arte in duel Arte in duello Arte in Deolo...*

Arte in due, a zatim razgovetno čitam *Fiorio*. Kafe. Batrgam pločnikom. Samo da sednem, da nešto pojedem i popijem. Koraci su mi teški, preskačem talase po podu u kafeu. Naručujem crveno vino, molim. Zaboravljam na želudac, na sve, pokušavam da zaboravim i na svoju kob, pijem vino, pušim, pijem vino. Vino je kjanti sa nekom čokoladnom aromom čije mi talasave note izlaze pomalo na nos. Kob nudi svima jednake šanse. Možda je ovaj kafe i ovo vino moje najpouzdanije utočište. Kod mene kao da se sve ponavlja, kobno ili ne. Ali, život i traje dok se ponavlja, traje ponavljajući se. Ponavljajući se, on se menja. To nije loše, mislim. I drugi piju vino sa mnom. Sa njima nema nesporazuma. Pamtim da je jedan Đorđo Peano, profesor matematike i logike, onda Čezare, Đuzepe, a tu je i njihova prijateljica, Dinola, kojoj se neprestano obraćam imenom „sinjorina Dinola, sinjorina Dinola", jer joj je ime imalo neki utešan učinak. Barem sam nekako znao da nije Japančeva saradnica. Bila je enolog, stručnjak za vina, i nepopustljivo tražila od mene da, ako već pijem, pijem samo pijemontski nebjolo. Nekoliko puta mi ponavlja *un vino fricante pjutosto buono*. Sa tim peckavim vinom se sprijateljio i moj želudac. Samo je grgoljio.

Vino do fajronta. Lepilo mi se za nepca sa opojnošću. Nije bilo nikog pored mene s kim bih voleo da tu opojnost podelim, i da mi bude lakše.

Novca mi nije još ostalo mnogo. Ne usuđujem se da uđem u taksi, ne usuđujem se da se vratim u hotel. Tamo će mi najpre postaviti zasedu. Toliko sam pijan da više nisam ni glup, samo pijan u Torinu i bistre glave.

Poslednje jutro. Dobro vino. Sve me boli od popijenog vina, ali bez mučnine, i od neugodnog spavanja na obali Poa. Probila me vlaga i noćna svežina. Izgubio sam i Violetinu kapu za sunce. Ne znam koliko je sati i uznemireno trčim uz obalu, do drugog mosta od kojeg se pravo penjem put hotela. Grabim stvari. Nema Japanca ni njegovih izvršilaca. Ni umio se nisam. Ako zakasnim, ostaću u ovom svetu, začaran između stalne progonjenosti i obećane ljubavi. To je plodna zemlja za oklevanje. Da žurim ili ne? Kad je kob na delu, ne treba joj smetati.

Na aerodromu trljam oči. Violeta. Maltene na mestu gde sam je ostavio. Da, baš gde smo se međusobno pogubili. U tesnim je pantalonama; verovatno ih kupila. Kao salivene su joj. Spuštene zadnjice, kratkih nogu, savršeno oblikovanih, u butinama, kolenima, listovima, člancima. Punoća njenog tela je opojna. I taj miris, najbolje od svega, koji me opčinjava.

Brzo smo razjasnili šta nam se desilo. Ona me se načekala, jer nikako da iziđem i pođemo u Torino.

Vratila se u aerodromsku zgradu. Nema me. Pogledala kroz stakleni zid: nije me bilo ni u prostoru za preuzimanje prtljaga, nije bilo niti ikog niti ikakvog prtljaga. Razborito je zaključila da smo se mimoišli i sela u autobus za goste Sajma knjiga. Malo se rastužila, kaže. Bio sam u odeljenju za iskasapljene torbe, objašnjavao sam. Trebalo je da identifikujem žrtvu čiji su komadi ležali na gomili usred grupe serijskih ubica. Pričam joj mnogo da bi sve izgledalo smešno i nevažno, jer ću morati da joj kažem za doručak. Dok bih da joj pokažem šta se zbilo sa mojim fenom, nešto mi ispada iz džepa.

„Oh, bombone!" uzvikuje ona. „Likviricija! Te volim. Juče sam ih sa Đovanijem smazala barem dvadeset. Najbolje su za grickanje posle dubokih poljubaca, znaš li?"

„Uzmi ih onda, za kasnije, da se zaslađiš. Ja ih ne volim. Gumene su i ukus im je grozan."

I ona je, naravno, imala prenoćište u *Kontinentalu*; hotel je na dobrom mestu, nije ni skup, tri zvezdice. Video sam je juče za ranim doručkom, kažem konačno. Sa Đovanijem? Zašto im se nisam javio? Upoznala bi me sa njim. Tako je sladak, Đovani, debeljuškast, kako ona voli, i prvog dana ga je izdvojila na Sajmu.

„Popili smo ti i vino." Coknu usnama. „Pomislila sam i na tebe, da si u našoj razmeni prtljaga prošao gore od mene. I njemu je vino prijalo, i one pečurke koje su kao debelo sočno lišće. Tek kakav mu je jezik, Đovaniju, debeo, nabubrio, takav nema nijedan Srbin da znam. Kao tvoja najveća gljiva u ulju, i za koju je i on izjavio da tako spremljenu, sa raznim semenkama, ukusnu, nikad nije probao. A nije probao ni ovakvu kakvu ja imam, možeš da misliš."

Hteo bih, ali ne smem da je pitam da nema ona možda rođenu sestru Dinu Dinku koja živi u Đenovi kao Deola. Osećam da bih voleo da je to istina. U pustinji bih bio sa kćerima pustinje. Moja bi kob tad mogla da prođe gotovo bez rupa. Iako su sedišta u avončiću do Minhena uska, komotno držimo noge raširene. Mogu da mislim kakvu ona ima, da je snevam. Nisam je probao, ali mislim da joj nije kao bukovača, nego pre kao tartuf, pečurkica koja raste pod zemljom i treba biti svinja sa dobrim rilom da biste je pogodili tamo gde je sakrivena.

„Možeš da misliš", reče i dodirnu me po kolenu, pa nastavi. „Ugovorila sam i posao. Uskoro se možda selim tamo. Izložba je bog bogova. Videla sam njihove knjige. Mogu ja to bolje u istom stilu."

Izvinjavam se što sam smrdljiv, neispavan. I njena kratka kosa je pomalo raščupana. Nema veze, reče ona, ni ona se nije ispavala. Nije joj dao Đovani. „Moj Đovanino", reče.

Obukla je moje gaće, izvinjava se, morala je, ali juče je kupila nekoliko pari novih, strava su, i srećom da moje dupe, kaže, nije veliko, njena mera po svemu. Mera njene *patkice*. Koristi izraz koji tek od nje čujem prvi put. Osmehujem se, iako znam da sam prilično guzat. Ali, nema veze, prija kad vam devojka tako nešto kaže. Mere nam se poklapaju. Ni Đovanijeve nisu drugačije.

Violeta ume da se uvuče pod kožu. U tom je šampinjonka. Ume i da se izvuče. U tom nije gora. Kao da uvek drži oba kraja štapa u istoj ruci.

U avionu već za Beograd, pitam Violetu koja tečno govori italijanski za *arteindue*.

„A bio si? Mislila sam da si i ti u nekoj izdavačkoj reprezentaciji u poseti Sajmu."

„Ma vraga sam u reprezentaciji. Imam jednog u Beogradu, koji kao i ti radi sa knjigama, čak ih i piskara, i on me je gnjavio da pođem u ludi Torino, ali neće me majci taj više videti posle ovog putovanja. Nego *arteindue*..."

„A ja?" pita ona.

„Suđeno mi je bilo da te sretnem. To bi se desilo i da smo kod kuće. Verujem u srećnu kob."

„Samo ti umišljaj", reče. „Kob je uvek nesrećna i zla. A šta sa *Arte in due*? Bio si? I ja sam, sa Đovanijem, u Palati Kavur."

„Gde bio?"

„Na izložbi. Jelda lepa dosetka? Znaš već, dela umetnika koji su u bliskoj vezi, recimo majka i sin, muž i žena, sestra i brat. I ljubavni parovi od svake vrste."

„I to bi bilo to, kao dvojničko stvaranje."

„Ne, nego *umetnost udvoje*, blesavko. Dva srca, recimo, tvoje i moje, crveno i plavo, na žutoj osnovi, žutoj kao maslačkov cvet."

I dalje mi nije bilo sasvim jasno. To što je rekla ličilo je na zidne plakate i natpise koje sam video u bunilu posle Japančeve i moje borbe na Trgu. Po običaju sam se stideo da se još raspitujem. Samo rekoh: „Ah, tako."

Potom mi Violeta objašnjava zašto joj se dopadaju moje gaće.

„U životu sam najviše uživala kad sam, kao devojčica, a živeli smo u kući na kraju sveta, kad sam piškila uveče, leti, u bašti sa celerom. Još i danas volim da idem, u toplim noćima, u baštu, čučnem opet usred celera i uriniram u šesnaest. Pre tog se nalijem čajem. Dve litre. Prvu litru popijem u jednom cugu. Da mi je bešika veća, e pa mogla bih duže, a ovako puštam vodu najviše tri minuta. Zbog tog uvek žalim. Suviše je na brzaka."

„Mogu to da razumem", govorim joj sanjivo.

„Vidiš, u tvojim gaćama sam usred celera. Sve mi je isto. Uživancija. Ukrala bih ih od tebe."

Htedoh da je poljubim u vrat, iza uha, ali u dve noći i dva dana, samo tri sata spavanja po vozovima i tri sata košmarnog noćnog uplovljavanja i isplovljavanja na Pou, i ništa više. Nisam više bio pri sebi. Uz to, opijen sam njenim mirisom. Umesto poljupca koji je ona možda očekivala pričajući mi najdivniju bajku o celeru i pišanju, obliznuh se, trepnuh još jednom i potonuh u mrtav san.

„Ustaj, spavalice!"

Sleteli smo i ona me je drmnula žestoko. Glava mi pade s njenog ramena. Usne su mi suve.

Rastadosmo se srdačno na aerodromu, gde ju je sačekao prijatelj. Pala su svakojaka čvrsta obećanja da ćemo uskoro zajedno piti vino i jesti pečurke. Dadoh joj i broj svog telefona, da mi se javi makar radi stvari koje su ostale na meni. A svoje joj dopuštam da ih ukrade. Sutradan sam sve njeno već oprao, ispeglao i složio. Gaćice, duks sa kapuljačom, bodi... Ali, ne grudnjak. Nisam joj ga vratio sa torbom. Ukrao sam ga. On najviše miriše na nju. Njega svakodnevno njuškam, gušim se u njemu i da mogu celog bih ga udahnuo.

Odahnuo sam u pogledu Japanca, mada mesecima idem ulicama, neprestano se skrivajući u senku, stalno osmatrajući, da se ne pojavi i ovde. On mi je već kao uspomena, ali zlokobna. Kad prolazim pored Muzeja Nikole Tesle, nikad baš pored njega, nego sa druge strane ulice, stavljam tamne naočare i žurim, ipak ispod oka pogledujući ko u taj mah ulazi ili izlazi iz njega. Znate da me predosećanje ne vara, a predosećao sam da ću još čuti za tog Japanca. Neće on tek tako da ode iz mog života. Uverio sam se da je strpljiv i ne može ga se iko otarasiti ako to on već sam ne poželi.

Do danas mi se, međutim, Violeta nije javljala. Moj mi veš, razumljivo, nije vratila. Ionako sam joj ga poklonio. Kad se dogodi da potrošim svoje zalihe čistog rublja, ponekad sam prisiljen da ponovo oblačim njene gaćice, ovaj ili onaj triko, bodi. Uvek ih iznova perem i peglam. Ne grudnjak, ali vreme je i da njega potopim u vodu. Sve njeno čuvam, iako mi se čini da se vlasnica, kad nije dosad, uopšte neće javljati, a o njoj ništa i ne čujem. Raspitivao sam se za nju, tačno, ali se više ne raspitujem, i da nema pokatkad njenih gaćica na meni, potpuno bih je zaboravio. Ni grudnjak nije više od pomoći. Možda se i odselila kod Đovanija. S vremena na vreme osetim njen miris i kod drugih žena. Nije postojan kao kod nje.

I na Aćina sam zaboravio, mada sam mu dužan novac. Neće umreti zbog toga. Nisam ga izbegavao. Samo mi se nije javljalo, jer me je njegovo viđenje sveta oduvek zamaralo. To mi je postalo jasno od povratka. Ne bih imao ni šta da mu pričam. Rugao bi mi se i proglasio za kretena, ionako ljut kako sam ga otkačio kao „taticu" sa njegovom dubokoumnom blesavošću o poseti Frojdu. Ali, ono čemu ne možete da izmaknete, ne možete. Uoči zime, s druge strane ulice neko me zove. On. Poziv srdačan, nema znaka zlog pamćenja.

„Hej, brale, gde si?"

I prelazi ulicu ne hajući za automobile, dok mene u taj mah hvata grč u kolenu, počinjem da štucam i mogu u sebi jedino da kažem *dobar dan, tugo moja*.

„Jesi li zdrav i čitav?" pita me. Ne sačekavši ni da smislim neki prirodan i pomirljiv odgovor, dodaje zavereničkim tonom: „Arteindue."

Zaledio sam se. Nasred pločnika opet sam video izmučenog konja kako pod udarcima biča, koji fijuče, pokušava da ustane. Jesam li dobro čuo? Da me nije spopala paranoja? On zna šifru? Prestao sam da štucam, ali žiganje u kolenu je nastavilo. Odstupih nekoliko koraka, hramljući, i oslonih se o zid.

„Arteindue", ponovio je glasnije, nesiguran da li sam ga prvi put dobro čuo.

Slutio sam ja još pre puta da on nešto zna i izbegava da mi kaže. Sad je to jasno. On je duboko upleten, a možda je baš on smislio ceo scenario i tvorac je mreže koja je razapeta da bi me se dočepali.

Valjda sam promenio boju u licu. Pogledao me je zabrinuto. Lisac. Naoštrio se na belu zečicu kojoj su se noge odsekle i već polumrtva čeka da bude dokrajčena.

„Znaš odakle mi? Pogodio sam. Krajem septembra naišao sam na tekst nekog Japanca, sa tim naslovom. Čovek je profesor. Po radovima vidim stručnjak za Ničea. Ti Japanci su neverovatni. Prevodio Ničea, velika monografija o Ničeu. Doktor Karei Fugu Nitsuke. A taj zapis mu je kao putopis o Ničeu u Italiji. Od Palerma do Torina. Rim, Venecija, Đenova, naravno."

Počinjao sam da shvatam o čemu govori i već sam znao šta će još reći.

„Tako taj Fugu hodočasti, a u Đenovi se sudari sa nekim tipom. Ovaj ga sve vreme prati. Kuda Fugu, tuda i taj. Fugu juri, po tragovima, za Ničeom, a ovaj juri za Fuguom. U Torinu reši da raščisti stvar i, skupivši hrabrost, direktno se obrati tipu. Sve je to Fugu lepo zapisao. Japanci su ludo pedantni. Pitao tipa kao gde je neka umetnička izložba. Slikanje u parovima. Pod nazivom *Arteindue*. Ispostavi se da taj naziv mora da je neka šifra, jer tip, nalik povampirenom Ničeu, odgovori nemačkim odzivom, znaš kako se one Ničeove cedulje koje je pisao u ludilu kažu na nemačkom. *Vanzin*..."

„*Wahnsinnszettel*", rekoh.

„E, to. A onda tip nastavi sa šifrovanom komunikacijom. Fugu je zaključio da to mora biti zavera u kojoj će naposletku i on biti žrtva. Pošto je tip rekao *suši*, Fugu da se izvadi reče *pesto*. Pukao sam od smeha.

Počeše da razmenjuju recepte za suši i pesto. Sukob nacionalnih kuhinja. Ravnopravan sukob. Nijedna strana nije ustuknula, i svaka je imala beskrajnu zalihu municije, pa je bitka, piše Fugu, mogla da traje sedam dana i sedam noći. Kad je došao do sušija, bilo mi je jasno ko je taj tajanstveni tip. Sve se uklapalo. Setio sam se kad si pravio suši sa lososom, uz prilog rendisani hren, umesto ljutog vasabija, i seckani đumbir u šljivinom sirćetu. Imam i fotke sa tog ručka. Ništa ne govori, ne poriči, to si ti. Provalio sam te. Ako ne veruješ, pogledaj na Infernetu i naći ćeš. Naslov *Arteindue*. Traži i njegovo ime. Fugu. Karei Fugu Nitsuke. Imam samo jednu ključnu primedbu: zašto nisi, brate, izabrao neko srpsko jelo? Siguran sam da bi ga njime potukao."

„Kako god bilo", reče još Jovica kao da me nije već patosirao, „ako možda i nisi naleteo na neki nepoznati i presudan trag u Đenovi i Torinu, prošao si makar bolje od mene u Beču. Ostavio si svoj trag. Ne brini, nisi bio skenjan. Kad to piše profesor Nitsuke, koji Ničeov život i delo ima u malom prstu, ostaješ nezaobilazan lik neutvrđenog identiteta u istraživanju koje je on preduzeo sa svoje strane, i sam hodočasteći. Vidi u njegovom putopisu. Možeš sebi da kažeš da to nije malo, da je to već istorijski trag u području ničeovskih studija. Jasno, to niko ne zna sem tebe i mene. Još niko. Ali, nema veze, brale, jesmo li ortaci ili nismo? A što se tog tiče, možeš da se kladiš da su velike šanse da ja to obelodanim, i tako obojica postanemo takoreći svetska imena. Da i mi iziđemo u svet. Otišao si, video i videli su te, i tvoje je zagonetno prisustvo na pravom mestu zabeleženo, pa si postao veliki adut, shvataš i sam. Sad delimo: tebi da si adut, a meni da je taj kec, recimo, u mom rukavu. *Arteindue.*"

Tako me je otkačio, pretpostavljam bez zle namere, već onako najobičnije kako se to odigrava u našim redovnim dvobojima, svaki put kad se vidimo, tokom kojih biramo oružje po želji, a izbor nam se nikad ne podudara. Ali, otkačio me je, ili sam to ja već sam sebi učinio pošavši na svoje kleto italijansko putovanje. Svakom njegovo. Na tom smo zasnovali svoj svet. Da sam bio sporiji i oprezniji u svojoj misiji, prošao bih sa više blagodeti. Ne bih propustio najvažnije. Ljubav. Prilika za nju jednom bude, i nikad više.

Ovog puta smo se rastali u žurbi. Obojica smo hitali ka sledećem koraku: šta nam predstoji da uradimo i uzajamno se onemogućimo, gazeći jedan drugom po dokazima i prstima. Mene nije popuštalo u kolenu; trebalo je da me neko povuče za nogu, zglob da kvrcne i vrati se na mesto.

Ne znam šta njega vodi u životu, kakvo računanje i kombinovanje, koja grozničava sablast i lakoumnost, ali znam šta mene vodi. Znam to, u stvari, tek od mog višesatnog šetkanja po Trgu Karla Alberta i oko njega, od mog sedenja tamo i sanjarenja, pa i kad je Japanac, Fugu ili kako se zove, tad takoreći nasrnuo na mene. Znam šta me vodi i kad se prisetim Violete sa njenim podsmešljivim zelenim očima u kojima su ljubičaste tačke, i životne prilike koju sam propustio s njom. Dok sam jurio za starim tragovima i starim ljubavima, ona se, preživši me, okrenula drugim šansama. Znam, vodi me srce. Znam i da me vodi sporo. Zato sam i putovao, da ga nađem i ubrzam, ne da razumem. Putovao sam da zalutam i lutajući naučim da nerazumljivo ne treba uzaludno mučiti da bih ga razumeo. To je bilo deo mog predosećanja koje me je odvraćalo. Kao da sam se bojao da otkrijem pravog vodiča. Vodi me sporo, ali sa njim se krećem brže nego ikad.

Ovo sam želeo da ispričam samo vama, onako kako mi se sve stvarno dogodilo na besanom italijanskom putovanju, tako da sutra, kad čujete drugačiju priču, možete da razlikujete šta je laž, a šta je istina. Ne smete se priklanjati *ubeđenjima koja su veći neprijatelji istini od laži.* Vi ćete, sami sa sobom, koliko god vas malo bilo, biti moji zakleti svedoci u odbrani od zajedljivih pokušaja izvesnih osoba, neodgovornih do srži, da me iznesu na loš glas. Priznajem da sam grešio i da nisam uvek znao ni gde sam ni ko sam, ali suština je uvek bila ista: koliko god da sam lutao, i uveliko me zavodile nezauzdane strasti, ni trena nisam iz vida gubio osnovni cilj. Stremio sam njemu čak i kad sam ga obilazio. I bežao sam od njega samo da bih mu se približio. Ako mi ni vi ne budete verovali, onda mi mesta više nema u ovom svetu.

Ko je brži? On ili ja? Ne možete da odolite da se to ne zapitate. Tako je to kod nas. Tek da ne pomislite da sam baš neupućen u lakrdiju koja se sprema na moj račun, dajem vam reč da sam dugo i duboko promišljao šta znači to da mi je Aćin, kad smo se rastajali posle našeg nedavnog uličnog sretanja, mahnuo rukom i još jednom, poletno i izazivački, doviknuo: *Arteindue!*

Razmišljao sam o tome, bolno svestan da stvar može postati veoma ozbiljna, bez obzira što ću uživati vaše poverenje i vašu zaštitu, i ni do čega nisam došao. Da li je to ljubav, smrtna pretnja ili nešto treće, nisam još dokučio, pošto mi i dalje izmiču tajanstvena značenja skrivena u šifri *arteindue*. Ne zavaravam se ja naknadnim otkrićima i pokrićima za tu šifru. Možda je njena jedina svrha da budem uklet. Čak i ako je tako, neću odustati. Nikad neću prestati sa pokušajima da dođem do pravog rešenja. To mi je sad, ovako samom, prepuštenom neizrecivim mukama neuzvraćene ljubavi, jedina misija u životu i biće životna misija do kraja. Recite mi otvoreno ako ponovo grešim ili čak smatrate da je, posle onakvog trodnevnog smeškanja celog sveta, Torina Đenove, Đenove Torina, moj osećaj za stvarnost u većoj meri oštećen.

Pravo da kažem, baš me briga ako i jeste načet moj smisao za stvarnost. Dogodilo mi se nešto, prvi put. Nisam slomljen. Nisam čak ni setan. Naprotiv. Vredelo je otići, bez obzira na unutrašnje zemljotrese kojima sam se izložio. Dogodilo mi se to, i ne marim zapravo, kad još jedared razmislim, šta će se o tome pričati. I ponovo bih otišao, makar još teže prošao. Ne događa mi se tako nešto svaki dan. Ni meni ni drugom. Ja sam to doživeo i zašto ne bih bio srećan čovek. Sad ću, razume se, nastaviti da živim kao inače, u uobičajenim naporima kako da preživim do sutra.

Uskoro ću početi, podrazumeva se, i da žalim što mi niko više neće reći *arteindue*. To neće biti prevrtljivost sa moje strane. Možda ću i sam, ako mi ne dođe neka bolja reč ili bolja istinita priča, da malo budem profesor doktor Fugu i počnem da svakom koga sretnem govorim *arteindue*.

SISANJE LULE

U Boleču, kod Beograda, tražeći sa adresom dobijenom od sina nekog ko će da mi namesti kosti, ko će da me oslobodi vražjeg išijasa koji me je iskrivio toliko da još jedino mogu da puzim, otkrio sam ženu koja bi mogla biti žena života. Žena mog života? To nisam rekao. To nije obavezno, mada je sve moguće. Ovo će biti njen portret. Fransisko Goja, umetnik, odvažio se i naslikao neku opasnicu, ženskog trboseka, golu mahu. A ja ću, iako opremljen sa manje hrabrosti, opisati Mamu Jolu, kako je svi zovu u Boleču i okolini.

Portret od mene zaslužuje već i zbog tog što je jedina žena, od svih koje dosad lično poznajem, koja istinski puši na lulu, i ume da puši. Nije to kod nje pitanje nekog čuda, izazova ili prenemaganja, nego životno opredeljenje, da tako kažem. Ona je pušačica, i to prava, istinska pušačica lule, a kao što ćete se još uveriti, nije ni makar kakva pušačica.

Mama Jola nema ni punih trideset godina, a već ima devetoro dece. Šestoricu dečaka i tri devojčice. Rodila je ona i više, ali dve devojčice su joj umrle. Mama Jola teži preko sto kila, a odoka rečeno možda i svih sto dvadeset i pet. Oči su joj krupne i crne. Oči srne. Žmarci vas podilaze od njenog nežnog pogleda. Voli vrtljivost sa moje strane. Možda ću i sam, ako mi ne dođe neka bolja reč ili bolja istinita priča, da malo budem profesor doktor Fugu i počnem da svakom koga sretnem govorim *arteindue*.

SISANJE LULE

U Boleču, kod Beograda, tražeći sa adresom dobijenom od sina nekog ko će da mi namesti kosti, ko će da me oslobodi vražjeg išijasa koji me je iskrivio toliko da još jedino mogu da puzim, otkrio sam ženu koja bi mogla biti žena života. Žena mog života? To nisam rekao. To nije obavezno, mada je sve mogućno. Ovo će biti njen portret. Fransisko Goja, umetnik, odvažio se i naslikao neku opasnicu, ženskog trboseka, golu mahu. A ja ću, iako opremljen sa manje hrabrosti, opisati Mamu Jolu, kako je svi zovu u Boleču i okolini.

Portret od mene zaslužuje već i zbog tog što je jedina žena, od svih koje dosad lično poznajem, koja istinski puši na lulu, i ume da puši. Nije to kod nje pitanje nekog čuda, izazova ili prenemaganja, nego životno opredeljenje, da tako kažem. Ona je pušačica, i to prava, istinska pušačica lule, a kao što ćete se još uveriti, nije ni makar kakva pušačica.

Mama Jola nema ni punih trideset godina, a već ima devetoro dece. Šestoricu dečaka i tri devojčice. Rodila je ona i više, ali dve devojčice su joj umrle. Mama Jola teži preko sto kila, a odoka rečeno možda i svih sto dvadeset i pet. Oči su joj krupne i crne. Oči srne. Žmarci vas podilaze od njenog nežnog pogleda. Voli da pije rakiju od šljive, ali pije ona i vino, i pivo, i čaj, i kafu, kao i one grozne gazirane veštačke sokove. Ne odbija ni koka-kolu, ni smrtonosnije napitke, Mama Jola. A puši, dimi, purnja, jedva da sam je, otkako sam počeo proteklih meseci svakodnevno da idem kod nje i ubrzo se uselio u njenu udžericu, dvared video bez lule u ustima. Uprkos katranu iz duvana, zubi su joj blistavi, po svemu sudeći zdravi. Usne su joj srcolike, čulne i uvek vlažne, kao namazane glicerinom. Mama Jola je, u stvari, lepotica, bez obzira na njenu pozamašnu kilažu, njenu stomačinu i ogromne dojke. Ne mogu da zamislim kakva je tek mogla biti mlađa i kad je bila vitka. Moram da pljucnem da me vrag ne urekne tom zamišljenom prilikom.

Ona me je digla sa zemlje, a ne sinovljev kostolomac do koga nisam nikad ni stigao. Ako ne zaboravim, ispričaću vam kako je to uradila, jer me je prvenstveno privukla lulom. Sedela je na uličnoj klupi kad sam joj prišao da se raspitam za ulicu po onoj adresi. Prišao sam, onako iskrivljen i bolan, i dalje nisam otišao. Uvela me je u kuću i rešila muke. Lula joj sve vreme u zubima, a ja nikako da odvojim oči od lule i neopisivog lica Mame Jole. Lula, lula, hoću da kažem i gledam u lulu. Mama Jola, međutim, ne razume moj istovremeno zadivljeni i zaprepašćeni pogled. Ovo nije lula, govorim u sebi u neverici, ne može biti lula, ponavljam u sebi, ovo nije lula, nikako lula, sve samo ne lula. Naposletku, dok me poziva u kuću, objašnjavajući mi da i ona ume sa kostima, između dve svoje reči pristanka, povinjavanja, i probuđene nade, dok sam batrgao za njom, prepuštajući se sudbini, pitajući je koliko će me njena intervencija koštati, na šta je ona nehajno odmahnula rukom i kao da drži bocu otpila u prazno, uspevam da upitno prošapućem *lula*.

„Ah, lula", odvraća mi takođe šapatom, izmotavajući se sa mnom, i poverljivim tonom kaže: „Da, lula, najbolja, moja Crnjuša, od drveta brijera, za šampionat... Volim da sisam. Volim da imam nešto čvrsto u ustima i opijajuće u grudima, pa to ti je. A ti? Voliš li i ti da pušiš?" Ja je začaran gledam. Ona shvata. Kasnije sam iskusio da ona brzo shvata, dovoljan joj je mig i već je sve shvatila.

„Aha, voliš da gledaš, voliš da je ja fafam, je li?" naglašava ona, sigurna u moj odgovor. „U pravu si, lula je rešenje za sve, čak i ako je samo gledaš. Nije važno da li je imaš ili je snevaš."

Imao sam valjda dve-tri lule u životu, poklonjene, ali zaista nikad nisam postao strastveni pušač na lulu. Možda jednostavno nisam rođen za to. Ipak, lula me opčinjava još od detinjstva. Prvi put sam video svoju babu da puši lulu, ako se to uopšte može nazvati lula. Bio sam tad star, pa tako, oko šest godina, još nisam govorio. Ionako sam progovorio prilično kasno, a o tome već i vrapci znaju, kako mi se podruguje Mama Jola, kojoj sam, kaže ona, to spominjao barem triput tokom prošlih meseci. Baba po majci umela je da mokri dok stoji. Samo bi rukama raširila suknju i podsuknju. Tog se sećam. Onda se sećam, baba sedi na goloj zemlji i ja nedaleko od nje. Između nas je gomila makovih čaura. Suve makove čaure, koje uzimam u ruku i tresem, zveče pretećim sitnim zvukom. U čaurama je seme i od njega će mi majka praviti kolače sa šećerom.

„I moja mama je volela da sedi, gologuza, uz vatru zapaljenu na otvorenom, iznad koje visi kotao", kaže Mama Jola. „Pa i druge Ciganke vole neposredan dodir sa tlom. Zemlja im hladi krvotok. Ili je u pitanju zmijski rodoslov", pokušava da mi nešto objasni Mama Jola, češkajući se po ogromnom trbuhu, ali ja samo blesavo piljim u njenu skupocenu lulu načinjenu od mediteranskog korena.

Babina lula je imala pisak od višnjevog drveta, da, mora biti da je to bila višnja. Ognjište lule? Najvažniji deo. Za njega uopšte nisam siguran. Nemoguće je setiti se sad posle pedeset godina, i to setiti se nečeg što ni onda nisam znao. Da li od debljeg dela tuluzine, osušenog kukuruznog stabla? Pre bi to bilo od okrunjenog kukuruznog klipa. Ne, ne znam, ali tad mi je to ličilo na obrađeni kukuruzni kočanj u koji je uboden cevasto izdubljen višnjev prut kao peteljka ognjišta lule i njen kamiš. Baba je nesumnjivo trpela jaku bol. Nema više ko da mi kaže od čega je poticala ta bol. Suze su joj išle na oči iz dana u dan. Umesto vode redovno je pila čaj od maka. Od ranog jutra je počinjala da ga srkuće iz lončeta. A na svoju prigodnu lulu pušila je isitnjene suve makove čaure. Od dima iz babine lule osećao sam se omamljen. Lula joj se često gasila, i ona ju je ponovo palila.

Cela bašta ispod kuće nam je bila pod makom. Makovi cvetovi pod povetarcem! „Ne, ne", odvratila je Mama Jola, „sećaš se ti nečeg čudesnijeg." Makovi cvetovi pod povetarcem tek su obećanje za polja pod bulkama, mislim, jer celo polje ispunjeno crvenim cvetovima sa crnim dnom, na zelenim dlakavim drškama, a žmarci me podilaze dok gledam te hiljade i hiljade bulki, to je kao da mi Bog namiguje.

Bog? Smeh Mame Jole probudio bi i gluve zmije. „Moj je klovn, svetac nad svecima, božji doglavnik. Zovem ga Papa Gede." Gledam je dok govori ne vadeći lulu, i dalje se češkajući prstenjakom i malim prstom, ali sad po bradavici desne dojke. Bradavica je crna, a dojka zagasito crvena. Mama Jola je Ciganka samo prvom polovinom. Majka joj je odavde, iz Boleča, ali otac je iz Afrike. Pre nego što je, rodom iz Angole, došao da studira na beogradskom univerzitetu, desetak i više godina boravio je na Haitiju, kod svojih rođaka. Kako god bilo, koža na telu Mame Jole, od tako izmešane krvi, tamnocrvena je i sjajna. Zategnuta je i kad god prevučem dlanom preko nje, ona pucketa, puna elektriciteta. Ako mi Mama Jola stavi dlan na čelo, iako sam kratkovid, odjednom bolje vidim i nijedna glavobolja ne zadržava se duže od sekunde.

„Dopada mi se to ime, Papa Gede", kažem.

Ona se smeje i ispušta dim. Znam da joj je majka negde u Nemačkoj. Otišla je tamo sa svojom drugom porodicom i ne vraća se. Možda je i u Holandiji. „A otac?" pitam.

„On se pre petnaestak godina vratio na Haiti. Imao je tamo odranije neku svoju ljubav. A ovde je studirao medicinu, deceniju i više. Lekari su tamo potrebniji nego ovde", govori mi Mama Jola, pretvarajući se da govori ozbiljno, ali sve vreme mi šalje nedvosmislene signale da nije daleko od trenutka kad će prsnuti u smeh.

„Ti si luda", kažem joj, „ti si luda mačka koja svet pretvara u dimne signale."

Moja baba puši na svoju sklepanu lulu i uzdiše. Omamljen dolazim do nje i prstom joj pritiskam nos. Baba se muči između opijenosti i bola, pa mi kaže da zinem. Ja zinem. Ona izvadi lulu od šapurine i pljune mi u usta. Mislim da je i moja baba bila luda, možda luda od bolova. I dok se nije ni sabrala u svojoj nadmoći, pljunem i ja njoj u usta, instinktivno, ali promašim. Pljuje me, žali se baba mojoj majci, pljunuo me je u lice. Majka joj brižno objašnjava da sam mali i ne razumem. Onda sam besno pomislio da baba laže, da je nisam u lice pljunuo, nego u uvo. Verujem da mi baba to nikad nije oprostila. Umrla je u vinogradu. Moja majka ju je našla mrtvu. U ustima joj je njena lula bila još topla, kasnije je pričala majka.

Pravo ime Mame Jole je zapravo Jasmina Kupusar. Majka ju je zvala Jasmin. A majka joj je, po pričama, bila lepotica. Pošto je odavno niko nije video, nepoznato je u kojoj je meri još lepotica. A otac je ćerku zvao Mamba, a ponekad i Lola. Imala je i starijeg brata koga je otac zvao Hungan ili Ungan; ovaj je, kao mladić, tačno uoči očevog odlaska odavde zauvek, stradao od noža, u nekoj tuči u Beogradu, kod Krsta, izazvanoj zbog teritorije u rasturanju trave.

„Znaš već", objašnjava mi Mama Jola, dok joj je ogromno telo potpuno golo, „svi bi da budu glavni marihuanisti, kao da trave po okolnim njivama nemamo na pretek." Naređuje mi: „Isplazi!"

Ja joj plazim jezik. Ona ga dodirnu malim prstom kojim je kružila po bradavici, i ja osetim okrepljujuću struju koja me protrese. „Tako", tiho kaže, „obećavam ti da ću te voditi da je beremo kad dospe taj dan."

„Držim te za to", kažem joj.

„Samo ti mene drži. A znaš li ti išta o tome, o berbi, travi?" pita.

Odmahujem glavom.

„Pa onda je bolje i da ne znaš", zaključuje ona dok vadi lulu i daje mi da povučem. To je jedna od njenih crta: obećava, ali neće da to bude tvrdo, pa da se sutradan ne bi moglo opovrgnuti.

Bilo je, ipak, još nečeg zagonetnog u njenom kolebanju da mi da reč da će me voditi na berbu lišća. Padalo mi je na pamet da je to bilo u vezi s jednim od mojih prvih pitanja što sam joj ga postavio već prvog ili drugog dana našeg poznanstva i zbližavanja. Nikad mi nije jasno odgovorila kad je počela, s kim, u kojoj prilici. Naslućivao sam da je to u vezi s nekom njenom ljubavlju. Tu i tamo bi tek pala neka njena reč. Osluškivao sam i brbljanje dece. Bio je neko ko ju je naučio da puši. A njena sedmogodišnja devojčica Jovana bila joj je od njega. Ko god da je to bio, bio je od onih koje ne drži mesto. Tragač za korenima. Kad bismo počeli o tome kako je svet veliki, Mama Jola je uvek čežnjivo spominjala Indiju, Bombaj, Katmandu. Onda bi rekla „afrofrizijak", kao uzgred, i u njoj bi pritajeno prograljila veselost, vidljiva joj u očima. Ne „afrodizijak", nego „afrofrizijak". Kao da je reč o ličnoj šifri čije razrešenje poznaje samo ona i još neko, i niko drugi. I ja do danas ne znam više o tome, i samo me drži taj utisak da je poreklo njenog pušenja u ljubavi, u nastanku ili nestanku ljubavi.

Zapravo da je sad svi u Boleču zovu Mama Jola dolazi od očevog „Mamba", a ne od onolike dece koju je rodila, ni sama ne znajući koje je od koga, niti od neopisive debljine koja je tek spoljašnji znak nesumnjivog autoriteta koji uživa ne samo među svojim ukućanima i među svim Ciganima iz kraja, nego kod svih od Boleča do Beograda, kao i kod svih koji su ikad imali priliku da je sretnu. Možda grešim. Možda je ona rođena Mama. Iako je godinu-dve mlađa od mog sina, često joj, prepoznajući kod sebe u tom trenu najprirodnije osećanje, tepam „mamice, mamice". Ona je Mama i svako će kod nje naći utehu i isceljenje. Planiram da jednom sačinim njen rodoslov, ali istovremeno sam svestan da će to biti nemogućan film.

Druga lula, posle babine, koja me je pretvorila u zavisnika koji ne puši, nije ni bila prava lula. Bila je naslikana lula. U mladosti skitajući po svetu, u Parizu sam, kod Stare Sorbone, u velikoj knjižari naleteo na knjižicu pod naslovom *Ovo nije lula*. Izdavač knjižice se zvao *Fatamorgana!* A na njenim stranicama, naravno, ipak je bila reprodukovana lula. Naslikana lula. Lepa zakrivljena lula, zvana dablinka, a ispod nje piše *Ovo nije lula*, na francuskom, kaligrafskim rukopisom. Na drugoj stranici, isto, ali na školskoj tabli, lula, a ispod nje *Ceci n'est pas une pipe*. Iznad table, opet, velika, jednako takva lula kao na tabli, i ona naslikana.

„Ludice, da l' me praviš ludom?" smeje se Mama Jola. „Videla sam ja već te smešne slike. Na svetskom kupu su nam podelili svakojake papire i razglednice, valjda da se javimo rodbini. Imam još tu razglednicu negde koju je napravio neki Rene Magrit, je l' tako?"

Nije bilo potrebe da me uverava. Nije lagala. Ne znam koliko je znala da čita na francuskom, ali je dobro poznavala neku iskvarenu varijantu ili je to bio kreolski francuski, crni jezik koji je bio jedan od jezika njenog oca. Ako bih joj rekao *Sesinepazinpip*, razumela bi, i vadeći lulu iz usta, mašući mi njom pod nosem, govorila: „Ne da ovo nije lula, nego je lula kakvu samo Papa Gede može da ima, pored mene, jedini na svetu."

„Crkla sam od smeha kad sam videla to Magritovo zavitlavanje. Pošto su me inače izjebali na tom šampionatu, gledala sam tu razglednicu i mislila, da, da, oni uopšte ne znaju šta je lula, jer nemaju dobru lulu ni među nogama, ti muškarci, jebene sudije, prevaranti bez premca, nijedan od mojih Cigana im nije ni za nokat... Trebalo je da im napravim zvrčku, da im zakuvam crnu supu od pileće krvi, da im zaigram i dušu namučim, ali ispao bi skandal. Mislili bi da su u pravu i da zaista kao veštica ne zaslužujem osvojenu titulu. Ovako, nek' odjebu."

Mama Jola bi se u retkim prilikama baš raspričala. Jedna od tema o kojoj je bila spremna da govori i govori, čak i da na duže od tri minuta izvadi lulu iz usta, ipak je ni trenutak ne zaboravljajući, upravo je taj šampionat u pušenju lule na kojem je učestvovala, i to kao jedini pušač ženskog pola. Sin moje bivše prijateljice iz Poljske tvrdio mi je svojevremeno da je na jednom od skorašnjih svetskih šampionata učestvovala starica iz Kašubije i da je čak bila pobednica. Međutim, ja ne verujem u to. Nisam našao podatke koji potvrđuju da je neka stara Kašupka iz okoline Gdanjska ikad pobedila u pušenju lule. A za Mamu Jolu sam proverio. Jeste. Učestvovala je. Jasmina Kupusar, Beograd. Ona kaže i da je bila pobednica, ali joj je titula uskraćena zahvaljujući muškom muvanju. Tobože, gde da najbolja na svetu u luli bude neka Ciganka iz Srbije, neka Afrikanka ili haićanska mamba! Nema šanse!

„Verujete da samo vi umete sa lulom, i da svako žensko treba da sisa lulu samo po vašem receptu! E, pa neće biti, Pajo moj!" Šišti Mama Jola na mene, kao da ja nisam, u stvari, na njenoj strani, a uostalom i ne pušim lulu, mada je obožavam.

Ona me je, ljuta mamica, i uputila u pravila tog neobičnog nadmetanja. Ona su precizna i stroga, pa mi i sad izgleda čudno kako je to Mama Jola prevarena. A opet, ako je Magrit pomoću nekoliko kaligrafisanih reči i hiperrealistički naslikanom lulom stvorio takvu nadrealističku iluziju koja nas uvrće, i zavrće glavu najpametnijim filozofima, zašto krađu koja boli Mamu Jolu ne bi izveli tamo neki Škoti iz Lizmora ili Edinburga, Česi ili ko god da je sačinjavao petočlani lulaški žiri, i to znatno lakše sa opipljivim lulama i stvarnim rečima, ne nacrtanim?

U svakom slučaju, njihova spretnost u obmanjivanju ne može se meriti sa umetnošću Renea Magrita. I tako, seo sam u pivnicu koja se nalazi na malom trgu između sorbonske kapije i knjižare, i uz penušavo polovče piva listam knjižicu. Najpre je u njoj prepiska, nekoliko pisamcadi razmenjenih između umetnika i pisca, tada još živih. Pisac po imenu Mišel Fuko nesumnjivo nije bez lulaškog iskustva. Zamišljam ga obučenog u kožu, pantalone od kože, jakna od kože, opasan lancem, obrijane glave na nulu, sedi i on pored mene, a prošle noći je skitao po pariskim muškim jazbinama. Sedi i puši na lulu. Piše mu Magrit kako ga reči i stvari, čiji je autor Fuko, podsećaju na reči i slike o čijim pravilima je sam Magrit u časopisu *Nadrealistička revolucija* davno pisao kao svom programu i umetničkom testamentu. *Nijedan predmet nije vezan za svoje ime dotle da za njega ne može biti nađeno neko drugo i bolje.* Nije mi baš jasno, ali onda sam bio glup, kao i danas što sam priglup, osim ovih dana kada me Mama Jola svojim dodirima čini bistrijim, ali me u isti mah i raspaměcuje. *Neki predmeti mogu i bez imena. Ponekad reč služi jedino da bi označila sebe. Predmet se suočava sa svojom slikom, kao što se suočava i sa svojim imenom; stoga bi moglo biti da se slika i ime predmeta suočavaju i međusobno.* Hm! Glup jesam koliko sam dugačak. Pamćenje me, ipak, služi, a možda je to shvatljivo ako sve što pamtimo služi jedino da bi označilo sebe, kao što se to dešava sa nekim rečima, po Magritu. Reč *Nebo*, kad je napisana na slici označava sebe i nema nikakve potrebe za nebom, ponajmanje da i ono još bude slikano. U pravu je Mama Jola, smešan neki umetnik: naslika jaje i na slici, ispod naslikanog jajeta, napiše *bagrem;* naslika staklenu čašu i napiše *oluja*, ili će to biti polucilindar sa potpisom *sneg*. Udaren tip, ufiksan, kao da je bio pacijent Mame Jole. Kod njega sve što mu slučajno padne na pamet, biva gvozdena nužnost. Ime može da stoji umesto predmeta. Može. Kako bi to bilo kad bi sve što pričam moralo, ne samo u jeziku, da bude prisutno, tu, pred vama, stvarno? Zar biste da vam umesto dočaravanja portreta dovedem na lice mesta i samu Mamu Jolu? Zauzela bi toliko prostora da više ni za šta ne bi bilo mesta. Cela knjiga bi bila ispunjena. Pri tom Mama Jola, kao i svaki predmet, podrazumeva da iza postoje i mnogi drugi predmeti. *A reč je kadra da zauzme mesto nekog predmeta u stvarnosti.* Imao je umetnik ideju, nije da nije, i to fiks-ideju, ključ za snove.

Otpijem. Obližem penu. Kratko osmotrim ovog u koži i sa lancem, ćelavog, za stočićem uz moj. On se smeška. Skinuo naočare i trepće. Da to nije neki tajni znak, mislio sam, da nije on od *onih* koji vole ljuljuškanje? Listam knjižicu. Ako je taj Fuko, kako stoji na koricama, onda ja više nisam Pavle Hrastoder iz Novog Beograda. Možda on jeste Mišel Fuko, a možda ja nisam Pavle, pa čak ni Paja, kako me tridesetak godina docnije skoro redovno zove Mama Jola, čupkajući mi dlake iz mog pepeljasto plavog runa na lobanji. Žutog, žutog, ispravila bi me Mama Jola, i „odakle ti samo to žuto runo", pitala bi. „Ličiš na jelena, žutog jelena po kome su popali lipovi cvetići", govori i nastavlja da mi čupka vlasi, skupljajući ih u snopić u svojoj levoj ruci.

„Ti to za uspomenu?" pitam je sanjivo i trljam joj rame svojom bradom. Brada mi je neobrijana, a rame ni da se trgne.

Ona ne kaže ništa. I dalje čupka, uvećavajući pramen u svojoj ruci. Posle nekoliko minuta progovori: „Eh, kad bi samo znao."

„Mmmmmmm", nastavljam da joj bradom češem rame, a onda spustim poljubac na njega, na tu afričku kožu, orošenu, sa ukusom duvana. Ili umišljam da je to ukus duvana. Nisam ga nikad žvakao.

Mama Jola, čujem, gricka lulinu usnu na kamišu koji je od vulkanita. Kao preneražena, blago uzvikne: „Pajo! Pajo sisoje! Sesinepazinpip."

Ovo nije lula, hej, što ti je umetnost: predstavi ti nešto, a onda naglasi da to uopšte nije to što verujemo da je predstavljeno. Tako je u reči i slici, pa iako su od iste materije, vidimo ih različito.

Moj Fuko, valjda noćas fuknut, počeo je, ako me sećanje služi, a služi, suviše sebi da dozvoljava, jer primećujem da mi se naginje preko ramena i, gledajući u šta ja gledam, šapuće mi kao za sebe: „Crtež lule veoma liči na lulu, kao što i taj pisani tekst veoma liči na crtež nekog pisanog teksta."

Služi me pamćenje, ali i ono sebi suviše dozvoljava. Pravo govoreći, to se ne zaboravlja. Otuda je moja opčinjenost lulom, i kad jeste i kad nije lula, bila zapečaćena pariskim zatvorom. To zaista već ne mogu da zaboravim. Moj sused u koži odjednom nestade. Imao je on nos, kad se opsetim, za nevolje. Prilazio mi je čovek u skupocenijem odelu. Reveri su mu sjaktali.

„Niste platili?"

Pokažem mu na još nepopijeno polovče. Pivo pijem onako kako lulaši puše. Sporo, veoma sporo.

Gospodin sa šljaštećim reverima istrže mi knjigu iz ruke, govoreći odsečno: „Vos papiers, s'il vous plaît! Vos papiers!" Hoće moje dokumente. Odbijam. Ko je on? Nema pravo. On se predstavlja kao službenik obezbeđenja knjižare i traži da pođem s njim. Pasoš ne dam, ali hajde da pođem i vidim šta hoće krelac. Ni pivo nisam platio. Kad već idem, daj neku korist. Penjemo se na sprat iznad knjižare, u sobu sa ekranima. Na ekranima vidim metež u knjižari ispod nas. Krelac sa reverima uključuje jedan od ugašenih ekrana i vidim sebe kako listam knjigu, koju ne prepoznajem, i polagano hodam između tezgi, pored polica, sve čitajući, prolazim pored ostalih, zaneseno čitam i izlazim iz knjižare. Dalje, ništa.

Ubrzo stiže policija sa maricom. Knjižicu mi je krelac iz obezbeđenja vratio. Ja je odgurujem, a on mi je gura u ruke. Iako sam tog časa hteo da je platim, objašnjavajući da sam bio zaluđen, stvar je dramatična, neka je pročita i uveri se, da sam po prirodi zaboravan, ali on više ni da čuje. Sad je *Ovo nije lula* ponovo kod mene, ali kao dokaz počinjenog zločina. Možda doista to nije lula, ali će biti *corpus delicti*. U policijskoj stanici, ljubazan i užurban komesar uzvikuje: „Ah, Jugo!" Sve vreme me zove Jugo dok diktiram svoj iskaz. Protestujem: ne zovem se Jugo već Rable! Uzima mi pasoš, čita *Paaavle* i zaključava ga u fioku svog stola i mene u drugu fioku. „Znači, Jugo, ti si Rable." Ni da se osmehne. „Pol, Pol, Pavle, Rable, razume se", ponavljam i smejem se ja. On će samo: „Gotov posao."

Možda ovo nekome neće izgledati napeto. Kad god je, međutim, u pitanju slučaj lule, kod mene napetost ne izostaje. Lula i reč da to nije lula prskaju u međusobnom sudaranju. Crtež nije stvarna lula. Gde bi? Sličnost među njima je prividna, kao što je to i sa sličnošću života i pričanja. Stvarno jedno, stvarno drugo, ipak ne na isti način. Za prvo je drugo nestvarno, a takvo je i prvo za drugo. Ako već nema lule u crtežu lule, crtež je otvoren prema svim sličnim elementima, istovremeno osporavajući da ikakva sličnost postoji. Otvoren, rekao bi i ćelavi kožnjak da me nije napustio, izdao me u presudnom trenutku, otvoren je crtež i prema svim stvarnim lulama, bilo od čega da su načinjene, od gline, trske, porcelana, drveta. Reč napisana, više i nije reč nego deo slike. Navodno. Kad slikamo, kad pišemo, sve je samo *navodno*. Ali, jesam li ja u Parizu *navodno* bio u fioci? Sad više ne znam, iako pamtim. Mogao sam biti. U tome je i misterija lule koja nije lula. Magrit je naslikao i *Dve misterije*; ne možete ih razlikovati u njihovoj navodnoj sličnosti. Ili je sve to samo Magritova *prazna maska*. Ima nekih magaraca koji se ubijaju za maskaradu.

„Mogao bi ti i da znaš da su lule, kad jesu lule, napravljene od drveta, a sve ostale su *navodno* lule, maskirane kao lule. Pišam ti se na zemlju, penu, slonovaču, i takve navodne lule. Ako ti je neko govorio o porcelanskim lulama, taj ti je dupeglavac za lule. I ne drvo, nego brijer, Pajo, brijer. Pogledaj ovu lulu! Kad te čvoknem njom, ti si mrtav. Puknem te u glavu i glava pukne. Napravljena samo za mene. Pravio ju je Papa Gede za svoju najbolju Mambu. S njom sam išla na šampionat. Nije bilo dopušteno, ne dozvoljavaju pravila. Tamo svako dobija novu lulu, iz iste garniture i manufakture, istog oblika i veličine, u čija ognjišta mora da stane najmanje tri grama duvana, strogo kontrolisana takmičarska mera, ali i te lule su od brijera, starog 80 godina. Moj ima 250 godina. Jedinstven primerak. Nikakva industrija, mašina, i tako to, već obrađen pod peščanim mlazom i samo rukom odeljan."

Nije potrebno da mi Mama Jola priča o brijeru ili, po Englezima, brajeru. Bujica njenih reči nedvosmisleno je ukazivala da ponovo vodi konac na šampionat i kako je tamo pokradena. Mada iscelitelјka po duši, bila bi kadra da me ubije bez pomoći ikakve lule tvrđe od kamena. Odmah sam znao sa čim imam posla još kad sam prvi put video i lulu i Mamu Jolu na uličnoj klupi. Poznajem taj brijer na oko, kakav god da mu je dat izgled, zrnast, gladak, po tamnim, smeđim i crvenim čvornatim senkama koje plamsaju. Niko ne zna za drvo koje bi bilo bolje za nož i visoke temperature. Najmanje 50 godina star i suv koren mediteranskog vresa. Kad ga dodirnete, nikad vruć, nikad hladan, sunce, more i kamen ujedno. Dugovečnost u čistom stanju. Ali, ja volim, šta god govorila Mama Jola, i morsku penu, jer kad pušite na lulu načinjenu od nje, ona menja boju. Postaje zlatna, pa smeđa, i naposletku je zlatna i smeđa. Laka, meka, porozna, baš kako zamišljam da moraju biti stvari od pamtiveka, usnule da se nikad ne probude. A to i jeste morska pena, koja se može naći jedino na dva mesta u svetu, gde je došlo do fosilizacije mikroskopskih morskih bića. Za lulu je drvo vresa nenadmašno, ali odmah za njim je morska pena, mineral nad mineralima. Kad samo pomislim na nju, kosa na glavi mi se diže. Istina, sa korenom vresa sve mi se dlake nakostreše, ne samo kosa.

Zahuktala se Mama Jola. Duže od pola godine sam sa njom, a barem jedared mesečno mora da priča o svojoj tragediji na šampionatu. Ta priča za nju je kao menstruacija. A ja volim da je slušam, volim da joj, slušajući je i zapitkujući, ulazim u krv. Prestao sam sve drugo da radim, raskinuo sa svima ili gotovo sa svima. Više i ne mrdam iz Boleča i od Mame Jole. Njena deca me zovu ujka Paja. Njen najstariji sin koga je rodila kad je imala šesnaest godina i dala mu ime po svom ocu, Dumbala, za šta je, apsolutno sam siguran, a ona mi to nikad nije odlučno porekla, imala debeo razlog, često me moli za savet. Nekih dana dečaka zove i Ogun, onda kad je pomalo naprasit, kad ga, u stvari, drma pubertet. Škola mu ne ide najbolje, još je u osmom, pa mu pomažem oko matematike i jezika. Tek pokatkad skoknem do Beograda gde pozajmljujem novac, ali sve teže, i pokušavam na pijacama da iskamčim ponešto, prenoseći piljarima voće i povrće. Sin više ne želi da me vidi. Tobože kivan na mene što sam napustio svoje mesto u Višoj ekonomskoj školi gde sam predavao računovodstvo, a bilo mi je još ostalo nekoliko godina do penzije. Zaista nisam pri sebi, mada ovog trena nepokolebljivo smatram da sam najviše pri sebi. Takav sam kakav sam. Žutokos, ili slično, postariji muškarac nalik letvi, visok metar i devedeset, sa kostima koje mi iskaču, a pored mene debela i gola Mama Jola sa lulom u koju je zagrizla poput plena. A kad zagrize, mamica ne pušta. Duša joj je dopola afrička, a ostatak od svega i svačega, zbrda i zdola. Kad smo se sin i ja poslednji put videli i rastali u žučnoj prepirci, rekao mi je kad bi mu majka mogla znati o ludilu koje me je spopalo da bi se prevrnula u grobu, da sam se pretvorio u zombija, da sam Cigankin plen. Ako sam plen ičega, onda sam plen lulin. I pristao bih da Mami Joli budem zamena za njenu lulu, da me zagrize i sisa. „Ne možeš ti nikad da budeš moja Crnjuša", izaziva me Mama Jola.

Eto kad žena ume da puši.

„Pička ti je crnjuša", odvraćam ja, gladeći je i grebući, naizmenično, ispod pupka koji je malo čudo. Kao gnezdo za orah. Kao ugašeni vulkan. Velik i dubok, i nikakvo ga salo ne može zatrpati i sakriti. Uvek sam i za njega zainteresovan. Ponekad ga i po sat vremena istražujem, samo kad mi Mama Jola dozvoli tu ekspediciju. Ali, retko mi odbija, jedino kad želi da me raspali, terajući me da pobesnim što kod mene, kao stanje, ne traje duže od minut ili dva.

Jedem nešto što ona naziva lažanja. Napravio sam je ja, po njenom uputstvu, od brašna sa žišcima, prošlogodišnjeg kestena, mlade koprive, sad joj je vreme, i masnog sira. Mama Jola je u oljušteni i zgnječeni kuvani kesten samo dodala sušene nane, dva listića divlje ruže, takođe osušenih, i još nešto. Pitao sam je šta je to. Ona je gricnula đem i usnu na luli, ukrstila mi prstom usta i nije odgovorila. Između zalogaja tek po gutljajčić otpijam kajsijevaču koju je ona onomad dobila od jednog od svojih pacijenata za vradžbinu koja je istog časa pokazala dobar efekat. Tako je bilo i sa mnom, odmah sam se ispravio, čak proteglio kao da sam se tek izlegao iz jajeta koje neko zove bagrem ili u liku belog zeca iskočio iz šešira nazvanog sneg. Otad je već protekla mala večnost. „Ljubim te u srnino oko za ovu rakiju", kažem Mami Joli. „Sve što zalijem njom, postaje gozba."

Ona mi namigne. Za nju je to skraćeni oblik kad želi da umanji svoj značaj, otprilike u smislu „nije to ništa". Poznato mi je već njeno objašnjenje za moći koje poseduje. Za nju to rade zmije ili dobri zmijski duhovi. Često sam oko njene kuće primećivao neočekivani broj zmija. Kad ona baje i igra, a njen ples ume da bude ekstatičan i raskalašan, znači da saziva zmije na sabor i pod svoj uticaj. Tad su joj uvek sruke i neke trave. Sjajna je travarka, i o svakoj travci vam može reći čemu može da posluži. Nedavno sam opet pokušao da je probam oko porekla njenog pušenja i davne ljubavi. Pitao sam je bezazleno koju medicinsku ulogu pridaje travi na čiju će me berbu voditi kad svane taj dan. Da li će mi svanuti, za to ću morati da se usredsredim, tako mi je nekako odvratila, i da bi meni trava dobro došla makar zbog šuljeva.

„Misliš, mojih hemoroida?" ispravio sam je.

„Aha", rekla je. „A legla bi ti i za pročišćavanje mozga. Potom, u dovoljnoj količini, obdaruje nas i ludilom. Valja, naravno, i za *ono*."

Ono, ono, to bi moglo i bez marihuane da izleči moje hemoroide, samo kad bih imao više snage za *to*. Sa Mamom Jolom te snage je, ipak, u meni bilo sad svakako više nego ranije kad sam živeo neki sasvim drugi život.

Ceo obred, kojem se predaje u sazivanju svojih duhova, naziva „rada". Tako ju je naučio otac. Od njega je naučila i da piše. On joj je i „oprao glavu", pričala mi je, što valjda znači da ju je uputio u čitavu veštinu. Mogu samo da mislim šta je to „pranje glave" podrazumevalo. Nema tu nikakve crne magije, iako je, tvrdi ona, dovoljno poznaje. Zove je „kongo". Nikad joj ne pribegava, jer ona nije pravo znanje. A Papa Gede je jedna od duhovnih sila, pored ostalih, kojoj je ona najviše sklona. Verovatno zato, koliko sam shvatio, što je on istovremeno i komičan i erotičan, gospodar smrti i uskrsnuća. Razumljivo, ako ćemo pravo, njena tajna azbuka me ne zanima toliko koliko njena svakodnevna pojava. Ona me opija, a ne tamo neka verska zatucanost, afrička praznoverica ili čija već god, čiji Bog je izvesni Bondaj, ili tako nekako, bez obzira što ne mogu nimalo da sumnjam u ozdravljujuću delotvornost njenih muvanja i kuvanja. U nju sam se već stotinu puta uverio, neposredno, lično. Nijedno joj dete više nije bolesno. A ja sam ponovo rođen.

Kad biste mene pitali otkuda njene moći, rekao bih da su od sisanja lule. Lepo bih se proveo da to stvarno i kažem, a Mama Jola čuje da sam rekao. U pravu je, najbolje da prstom prekrstim usta i ćutim.

Lazanja od kestena i nečeg tajnovitog, zatim kajsija, svaki ukus i miris osećam u punoj njegovoj snazi. Udišem i dim iz lule Mame Jole, kao nekad iz babine lule. Prepoznajem i njegov miris, zapravo dva mirisa izmešana. U lulu je nabila malo sečene trave, istrebivši noktom iz nje nekoliko zaostalih semenčica, na čiju berbu je obećala da će me voditi, ako se ono može nazvati obećanje. Za nabijanje i džaranje po ognjištu lule ona ne koristi nikakav uobičajeni metalni tamper. Njen nabijač, koji ona zove žarač, uvek je od drveta, baš kako propisuju pravila na šampionatima. Uvek ima gomilu svojih žarača-nabijača koji, korišćeni, vremenom nagorevaju. Ali, po njoj, nikakav metal ne sme ni da prismrdi blizu lule. Njena Crnjuša nema čak ni ukrasni prsten na spoju kamiša i peteljke ognjišta. Čak apsolutno razgovetno osećam da je marihuana iz njene specijalne rezerve od najmekših, unutrašnjih listića biljke čije seme joj je, baš lično za nju, kako mi je ranije odala, doneseno sa Tibeta. Najbolja sorta. Potom, glavni miris od perike. Početkom svakog meseca iz Luizijane dobija paketić duvana, sečenog i složenog u vidu ptičjeg oka. To je retka vrsta duvana, zvana perika, veoma delikatnog ukusa i mirisa, i koja uspeva jedino u parohiji Sent Džejms. Uzorke joj šalju besplatno, jer je predstavnik firme, prisutan njenom pušenju na šampionatu, bio svedok kakva je ona pušačica lulašica. Sredio joj je taj doživotni dar možebiti kao utešnu nagradu. Tako govori Mama Jola, uvek mrzovoljno i sarkastično, ali poklonjeni duvan prihvata. Tu je, međutim, i treći miris. On beži, ali ja ga ipak lovim i njušim. Vuče na spaljene dlake. Zbunjuje me, ali ga ne spominjem, ćutim.

„Da bih učestvovala na šampionatu, morala sam najpre da osnujem klub. Ne misliš da je od ovih mojih Cigana moguće napraviti klub pušača lula? Takmičenje na šampionatu je pojedinačno i ekipno, ali niko ne može da dođe mimo tima. Ja sam naprosto izmislila svoj klub *Pipak*. Registrovala ga kao *Pipa Klub*. Nisam čak ni trenirala sa najavljenim duvanom. Dva meseca pre šampionata, svi učesnici su obavešteni o izabranoj veličini lule i koji će duvan biti služen na takmičenju. Recimo ove godine, najesen u Barseloni, biće Borkum Rif, a ne pitaj me kako to znam, javila mi vrana. Spremila sam lažne lekarske potvrde da su se svi pušači, njih četvorica, iz mog *Pipka* teško razboleli od proliva neutvrđenog porekla, osim mene, i otišla sama u Sint-Niklaus. Avionom. Platio mi kartu jedan od srećnih nevoljnika kome su moje zmije produžile život. Sastao se žiri i, pošto sam bila ubedljiva, uz nećkanje i pozivanje na pravilnik koji o takvom slučaju ne govori, na kraju pristao. Ti znaš kakva umem da budem kad hoću. Ne brini, nisam koristila kongo. Da kažem, razumeli su me iz dna svoje duše. Probali su me, kao da se uvere jesam li prava. Tad je i procurilo da sam favorit u pojedinačnoj, ali natrag nisu mogli."

„I sve to na tvom crnom francuskom?"

„Znaš šta, Pajo sisoje, poljubi me u guzu."

Najbolje mi je bilo da shvatim to ozbiljno.

„Važi", rekoh, „kad se najedem." A njenu lazanju sam stvarno žvakao u slast. „Samo nemoj reći da si na romskom!?"

„E, neće biti guze danas za tebe. Šta zamišljaš ko sam. Ono što ja znam, ti nikad nećeš znati."

To je naša igra. Voli ona to. Volim i ja kad ona to voli. Ionako sam već prvog meseca, u divljenju, saznao da tečno govori i jezik koji ja doista nikad neću naučiti. U taj mah osetio sam da onaj treći, nepoznati sastojak u dimu iz lule počinje da deluje na mene. Počeo sam da se utapam u taj novi dah koji je krenuo da me osvaja od nozdrva. I ona je zapazila da mi se nešto dešava, jer je požurila sa pričom.

„Sednemo. Ima nas stotinu i više. Podele nam lule, ravne, zvane bilijar, sa filterom ili bez filtera, kako ko već želi. Na signal šefa šampionata, stjuardi stavljaju pred nas, svakom, po jedan drveni žarač, dug 10 centimetra i prečnika 15 milimetra, i paketić duvana težak 3 grama. Onda, kutiju sa dva palidrvca, čisti beli papir kao iz one tvoje velike sveske u kredencu, i registracionu kartu na kojoj se beleži vreme. Papir je za brisanje žarača koji se sme koristiti samo dok je lula u ustima."

Žvaćem, muti mi se od poplave u meni, i slušam Mamu Jolu pažljivo, jer svaki detalj je važan da bi se razumelo šta će se dogoditi. Mada mnogo štošta već znam odranije, uvek iskrsava neka nova potankost. Lovim je. Njuškam za njom, baš kako to već činim kad je u pitanju dim iz bilo čije lule.

Kad je spomenula papir za brisanje, mahinalno sam pogledao prema kredencu na kojem je stajao zemljani sud napunjen juče ubranim kestenovim cvastima, i nisam izdržao nego sam prsnuo u smeh. Pa zatim u još veći kad je naglasila da se lula, kad bude dat znak za start, ne sme vaditi iz usta sve vreme dok ne bude popušen sav duvan iz nje. Zagrcnuo sam se od zalogaja lazanje i brzo popih duži gutljaj kajsijevače. Kašalj me prodrma. Grlo mi se zapalilo. Prestao sam da jedem i razvaljivao se od smeha. Trudio sam se da ga prigušim, jer Mama Jola nije prekidala svoju priču. Kao da je razumela moj smeh, kao da ga nije ni čula.

„Mogu da izbacujem pepeo iz ognjišta, ali ako mi sa njim ispadne ma i trunka duvana, zabranjeno mi je da je vraćam u lulu."

„Uh, to", kažem stiskajući što mogu jače dlan na usta. Onda mi, nepredviđeno, iz nosa izlete dobra slina. Smeh s kojim nisam uspevao da se izborim, naglo jenjava kao što je i počeo.

„Ko kroz kamiš, iz usta, duva u ognjište, ili iz nosa, biva diskvalifikovan. Na dati signal za start, punimo lule. Za to nam je dato najviše pet minuta. Zabranjeno je da pljujemo u njega ili ga drugačije vlažimo. Posle pet minuta, merilac vremena uklanja preostali duvan. Pa ko je nabio sva tri grama, nabio je, a ko nije, e pa nije. Pušiće onoliko koliko je nabio. Ja sam nabila do kraja, i to za ciglo četiri minuta. Za potpaljivanje lule odobrava se jedan minut. Možeš da koristiš jednu šibicu ili obe. Ako neka ne pali ili se slomi, merilac vremena ti je zamenjuje. Takmičar kome se lula ugasi, što će se neizbežno desiti pre ili kasnije..."

Nikad nisam siguran da li Mama Jola ispaljuje neku ironiju, ili govori svečano, jer nije šala biti na svetskom šampionatu. Sviđaju mi se obe mogućnosti. Čak i ako bi obe bile samo njena pripovedačka zamka. Svejedno, ja kao da gledam film o drami sa šampionata u pušenju, iako takav do danas još nije snimljen.

„... mora odmah da preda svoju registracionu kartu stjuardu. Ako ovaj posumnja da takmičar skriva da mu je lula već utrnuta, ima prava da od pušača zahteva da dune dim iz usta. Takmičar će biti diskvalifikovan i ako mu se cela lula zapali. Ko mu je kriv. Kasnije će žiri ispitati lule prvih deset najboljih pušača. Utvrdi li da je neka lula gorela, njen pušač biva naknadno diskvalifikovan. Naposletku bivaju proglašeni dobitnici kupova. Svetski šampion, Evropski šampion, Azijski šampion, Američki šampion, i sve tako. Naravno, postoje i specijalne nagrade za najuspešnije pušačke dame."

Ovo mi prvi put spominje.

„A ti nisi bila ni na tom spisku za dame, i to ti, mamice, koja si najveća dama među pušačicama, i najveća pušačica među damama i gospodom!" Govorim joj, donekle istinski zgrožen, donekle joj se ulagujući.

„Nosi se! Pa ti nikogovići su me diskvalifikovali. Stavili bi me oni na damsku listu, ali tako bi izokola priznali svoju prevaru. Pušili smo već tri časa. To je finiš. Ostalo je samo nas nekoliko. Meni se već ranije pridremalo. Nisam o tome suviše brinula. Znaš me, volim da dremnem, ali šta to smeta."

Da, znam, i kad dremne, ona kao da je budna. Mrda, vrda, pa nikad ni ne znam pravo stanje njene svesti. A nije mi ni nužno. Nema velike razlike da li je ovako ili onako. Kao što se kaže, radnja radi. Ona bi i kao mesečarka mogla da nepovređena pređe ulicu u špicu. Vode je njeni zmijski duhovi.

„Posle deset minuta od starta već imamo pravo da pijemo."

„Pa šta ide uz lulu? Konjak? Vino?"

„Stjuard nam donosi vodu. I u tom je bila zvrčka. Kad su se uverili, oni, ko god da je to bio, da je vrag odneo šalu, posle trećeg časa, i da ja nezaustavljivo izbijam na čelo..."

„Pa nije to trka na sto metara", govorim joj, a nekako sam obamro.

„Nije ni maraton, iako mogu ja još da potrčim i sve ima da se trese zemlja poda mnom. Nisam samo od slanine. Dođi ovamo, kod mamice."

Zagrli me, sruši na pod, a ja se ispod njenog tela meškoljim, sve nekako slatko sanjiv, ali i napregnut, snažan, kao trn, kao koren vresa star 250 godina. Čujem je i dalje. Dok govori, masira me, stopala, kod bubrega, rebra, grudi, ramena, potiljak..."

„Stjuard mi je doneo uspavljujuću vodicu. Osetila sam drugačiji ukus. Koliko mora da su šunuli pilula u vodu, ko će znati!? Dremam ja, a žiri kaže kasnije da spavam, dremam i pušim. Sanjam da pućkam i stvarno pućkam. Pušim ja još uveliko, već više od tri i po časa. Svima lule ugašene, vidim ja to jasno u snu, *budnom* snu, a ja spokojno ispuštam oblačiće, i boli me dupe za šampionat. Kao i uvek, uživam. Pričam sa sobom, da niko ne čuje. *Papa Ghede ao mar o perigo e o abismo deu, mas nele é que espelhou o céu.* Najmanje još pola sata mogla sam da pušim. Poznajem ja svoje mogućnosti."

U pravilima dosadašnjih šampionata, proverio sam, nema reči o postupanju u slučaju da takmičar zaspi, a ipak mahinalno nastavlja da puši. Žiri je to iskoristio. Kad nema, on dosuđuje. Ako je bio popustljiv na početku, na kraju je bio nemilosrdan. Mama Jola je diskvalifikovana, jer je prva u istoriji nadmetanja u pušenju na lulu navodno zaspala. Izgleda da neki novinari i gosti među prisutnima nisu potpuno odobravali takav pogled žirija. A Mama Jola? Premda je imala izvesnu podršku, onako ponosna, odbila je i da se žali na nepravdu. Da bi pokazala svu svoju nadmoć, na gala večeri, u završnici šampionata kad probednici za tu godinu bivaju ustoličeni, i kad svi, nekoliko stotina gostiju, svi do jednog puše na svojim lulama, mrmore i meditiraju, kao što to lulaši u celom svetu neuporedivo čine, Mama Jola je, u skerletnoj svilenoj haljini do poda, pokazala mi je fotografiju, sa dekolteom koji je zavodljivo otkrivao pola njenog teškog poprsja, naprosto odbila da svoju Crnjušu stavi među zube. Crnjuša joj na ogrlici od žutog ćilibara visi oko vrata. Mora da joj nije bilo lako. Prizor na fotografiji je izvanredan. Mama Jola u crvenoj svili, iz poluprofila, sa zamašnom, divno izvajanom stražnjicom, dva odvaljena brega, a pred njom čopor muškaraca, neki sa bradicom, neki sa brkovima, u smokinzima ili u toplim engleskim odelima, i svima u ustima po lula. Na svim muškim licima se čita blaženstvo, a ona, mlada žena koja nije napunila ni trideset godina, kao uspavana pušačica kojoj je cucla ispala i ukačila joj se na grudima. Ne gleda ni u koga, ni u šta, poluspušteni kapci, trepavicama pokriva oči srne. Ne znam da li srna može da se razgnevi, ali oči Mame Jole, između trepavica, isijavale su gnev koji je nalikovao trijumfu. Crvena joj je i marama na glavi, gusarski vezana u oveći čvor na zatiljku.

Možda sam i ja već zaspao, kao ona na šampionatu, ako jeste, i sanjam njene gnevne oči u kojima je pobedonosni sjaj, pošto ispod njenog tela ni ne mogu više ništa da dišem osim isparenja iz krupnih pora. Upijalo me njeno telo. Postajao sam njegov deo. Sinulo mi je i šta je ono treće bilo maločas u njenoj luli. Moja kosa, vlasi počupane iz moje kose. To je bio taj oštar miris koji me je omamljivao. Sutra će možda pušiti i moje nokte, i ja ću mic po mic prelaziti u nju. Sasvim u redu. U njoj ću živeti duže. Kao da me je pozvala. Kao da sam i ja jedna od njenih zmija. Kad pomislim, možda mi je i baba oprostila ono pljuvanje iz usta u usta? Da bih znao da mi je oprostila, poslala mi je u život Mamu Jolu.

Ili, ako već nisam zmija, onda sam šiblje ukraj mora, šipak, mediteranska vriština, vres, koren crnjuše, koji će, pre nego što bude iskopan, stolećima upijati sokove iz žila zemlje. Da, ukraj mora, njegovih bezdana i opasnosti, i tako nadomak nebu, kako često govori moja luda mačka na jeziku za koji joj samo na reč moram verovati da je portugalski, govori da ne razumem, pa mi tek ponešto prevede ili izmisli. Tvrdi da je od oca čula tu izreku po kojoj je more, uz bezdane i opasnosti, dobilo da bude i ogledalo neba. „Kako, kako?" pitao sam, i ona mi levom rukom u moju svesku zapisa rečenicu koja mi se učini kao čist prepis buncanja u snu, usred kojeg je upao zarez kao uzdah kad duboko zaspimo.

Mada ne bi trebalo to da izustim, moram da vam kažem da je priličan teret biti zakopan u zemlju ili ležati ispod Mame Jole. Ali, to ne mogu biti ja. Ovo nisam ja, šapućem joj u pupak, pa ga zatvaram dlanom. Mamica ustaje sa mene, ali moje stanje opijene usnulosti se ne menja ni za dlaku, ni dlaku njenu, kovrdžavu, a ni moju, pepeljastu, žućkastu, crvenkastu. Dlake nam se vezuju u čvoriće. Ovo nisam ja. Iako ličim na sebe, i u dlaku sam kao ja, to nisam ja. Mama Jola maša se za nešto. Stavlja u usta. Ovo je lula, nastavljam da šapućem. Kičma mi se izvila kao najednom uključena u neko strujno kolo. Bio sam stoletni koren. Da, ja, lula. Jasmina, velika i nesuđena šampionka, nagnula se nada mnom. Pušila je. Sve je poprimilo aromu; ceo svet se pretvorio u dim, ali mirisan. Ponavljao sam: to, to, puši, puši. Izvadila je lulu, podigla glavu i lukavo me pogledala. Suze su mi navrle od tog umiljatog pogleda.

„Važi", rekla je, „a da mi ti posle posisaš."

Roneći suze, klimao sam glavom.

Ona produži sa pušenjem. Šampionka nikad ne odustaje. Puši sve dok ima šta da se puši. Sa titulom osvojenom i oduzetom, kao što je to uvek kad imate posla sa muškim šupcima. Dižu vas da vam spuste.

Izvukla je, aromatizujući sve okolo nas, i poslednji dašak iz mene. Kad je dunula, bio je to gust oblak, u boji pšeničnog griza u zagorelom mleku.

Podigla je svoje rame i spustila ga. Podigla je svoje drugo rame i spustila ga. „Baš sam se nafafala za danas", izgovorila je blago i prinela mi dojku na oba svoja dlana. „Posisaj, a onda i da popaseš travčice." Gledao sam joj u oči. Ona mi namignu.

Takva je Mama Jola. *Ono što sam slikao jeste slika po sličnosti, inače to ne bi moglo biti vidljivo u svetu.* Ako sam ulepšavao njenu sliku i njene reči, morate me shvatiti i oprostiti, jer *ovo* ipak *nije sisanje lule.*

Otkrijte priče Jovice Aćina i u knjigama

Duge senke kratkih senki
[[1]1991, [2]1997, [3]2003]

Uništiti posle moje smrti
[[1]1993, [2]2000]

Leptirov sanovnik
[1996]

Nezemaljske pojave
[1999]

Lebdeći objekti
[2002]

Ko hoće da voli, mora da umre
[2002]

Mali erotski rečnik srpskog jezika
[2003]

Dnevnik izgnane duše
[2005]

Pročitano u tvojim očima
[[1]2006, [2]2007]

Šetnja po krovu
[2007]

Jovica Aćin • O ZMAJEVIMA, AVETIMA I TRAMPAZLINIMA Izbor priča • Izdavačko preduzeće RAD Beograd, Dečanska 12 • Za izdavača SIMON SIMONOVIĆ • Štampa ELVOD-PRINT, Lazarevac
ISBN 978-86-09-00971-6

CIP - Каталогизација у публикацији
Народна библиотека Србије

821.163.41-32

О ЗМАЈЕВИМА, АВЕТИМА И ТРАМПАЗЛИНИМА
    O zmajevima, avetima i trampazlinima : izabrane priče odoka / Jovica Aćin. - Beograd : Rad, 2007 (Lazarevac : Elvod-print). - 200 str. ; 18 cm. - (Biblioteka Rad)

ISBN 978-86-09-00971-6

COBISS.SR-ID 143716620

www.ingramcontent.com/pod-product-compliance
Lightning Source LLC
Chambersburg PA
CBHW071706090426
42738CB00009B/1685